人生、降りた方がいいことがいっぱいある

Katsuhiko Shimizu
清水克彦

青春出版社

はじめに

「降りる」という生き方

私が以前、上梓した著書の中で、四〇歳からの生き方をテーマにした本が望外にもベストセラーになったことがあります。

「そろそろ五〇代向けの本を書かれてもいいのではないですか」

といった読者の皆さんの言葉に背中を押され、本書を書き下ろすことにしました。

本書は、五〇代のあなたを中心に、四〇代後半から、まだまだ社会の第一線で活躍されている六〇代前半の皆さんを思い浮かべながら書き下ろしたものです。

そのメインテーマは、タイトルにもある「人生、降りた方がいいことがいっぱいある」というものです。

私たちは今、とても厄介な時代に生きています。

二〇二〇年初頭に世界に拡がった新型コロナウイルスは、ワクチンこそ徐々に投与が進んでいるものの終息が見通せず、仮に終息したとしても、その後の社会はこれまでとは違ったものになりそうです。景気もすっかり悪くなりました。

一生懸命働いても、コロナ禍で社会全体が「右肩下がり」だから、将来に明るい希望が持てない……。かといって投げ出してしまうのも悔しいし、すべてをウイルスのせいにしてしまうような生き方もしたくない……。お金は欲しいから定年を延長してでも長く働きたいのだが、今までのようにがむしゃらに働きたいとも思えない……。そうすると出世しないか……。いや、出世しなくてもいいが、若い連中にバカにされたくはない……。

このように、さまざまな葛藤の中で、日々の生活を営まれているあなたに向けて、ほんの少し、これまでの価値観を変えてみませんかという思いを込めて本書を書きました。

私が提唱したいのは、いろいろなことから降りるという生き方です。

「成果を上げ、上司に認められて出世しなければ収入がアップしないではないか」

「子どもを大学までは出さないといけないので、第一線から降りてなんかいられない」

当然、こんな声もあるでしょう。

誤解しないでいただきたいのですが、私は、「出世や昇給をあきらめて仕事をいい加減にこなせ」と申し上げているのではありません。

また、「夢など持たず、のほほんと生きればいい」と「意識低い系」の生き方を推奨しているわけでもなければ、「いい歳なのだから、仕事はほどほどにして老いに備えましょう」と申し上げているわけでもありません。

政府が「人生一〇〇年」を提唱する時代です。私もそうですが、あなたが活躍できる時間はまだまだあります。

二〇二〇年三月、新型コロナウイルスの感染拡大に注目が集まる中、国会では改正高年齢者雇用安定法（七〇歳就業確保法）が成立し、二〇二一年四月一日、施行されました。

この法律は、企業に対して「七〇歳までの定年延長」や「七〇歳までの継続雇用制度」などの対策を講じるよう求めるものです。

年金が受け取れる年齢も、「六五歳から七〇歳へ」と環境整備が進む中、今でも十分、ベテランの域に達している私たちは、「働ける間は働け！」というライフスタイルを余儀なくされようとしています。

だとすれば、今のまま猛然と走り続け、どこかで息切れしてしまうよりも、これまでのような働き方からは降りて、自分のペースで働き、結果として昇進や昇給があればそれでよし、そうでなくても腐ったりせず、誇らしく生き、そこで得られるものを大切にしながら、それぞれの生活を満喫できればそれで十分と申し上げたいのです。

いうなれば、人間版のＳＤＧｓ（Sustainable Development Goals＝持続可能な開発目標）です。

「細く長く」とまでは言いませんが、「勝った」「負けた」の世界から降り、自分をすり減らすような毎日から抜け出した方が、体が長持ちするだけでなく、得るものもたくさんある……。本編ではそんな話をしていきます。

ウィズコロナの時代は、従来の価値観から自由になるチャンス

私は在京ラジオ局で三〇年あまりにわたり報道畑を歩み、さまざまな年代、いろいろな業種の方と出会ってきました。このように著書も出し、四六歳で大学院の修士課程、五二

歳で博士課程と進み、非常勤講師として大学で教える側にも立っています。

「二足のわらじどころか、三つも四つもはけて、清水くんは恵まれているね」

同窓会などでは旧友たちからこんなふうに言われたりしますが、これは、ある面、職場内での不毛な競争から降りた結果、得られたものです。

職位という点では、専務や常務といった会社役員でもなければ、編成局長や営業局長などの要職を任されているわけでもありません。

「チーフプロデューサー」や「解説委員」などと言えば聞こえはいいですが、人事のたびに何人もの後輩に抜かれ、このままいけば、報道部門の責任者という立場で会社員生活を全うすることになりそうです。

それでも、腐ったり悲観的になったりしたことはほとんどありません。「それ以上のものを得た」という手応えがあるからです。

人生は、とらえ方ひとつで幸せにもなれば不幸にもなります。

社会構造が変化し、得体が知れない新型コロナウイルスの影響で、「ニューノーマル」と呼ばれる新しい生活様式が加速化している今は、

「何がなんでも部長になる」

「是が非でも職場の中で売り上げトップを取る」

など、これまで当たり前に感じてきた価値観から自由になる絶好の機会です。

本編で述べますが、日本は、個々の壺が「内輪のルール」という一本の綱で連なる「タコ壺《つぼ》」社会です。

特に会社は、そのルールから外れた人を異端扱いする組織です。そんな不自由さや古き慣習とは決別して、心にゆとりを持つチャンスでもあります。

これから始まる本編では、降りることで何が得られるのかを説明しながら、心が豊かになり、金銭的にも困らない生き方についても述べていきます。

本書が、あなたにとって、ありのままに生きたいという願いに叶《かな》う一冊となれば著者としてこれほど嬉《うれ》しいことはありません。

清水克彦

目次

第1章 「競争社会」から降りる

第2章 「お金やモノへの執着」から降りる

第3章 「常識的な生き方」から降りる

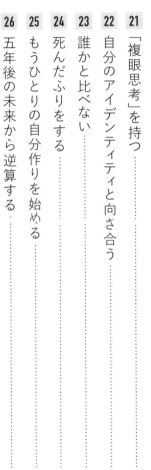

第4章 「いい人」から降りる

第5章 「無駄な人づき合い」から降りる

本文デザイン　岡崎理恵

第1章

「競争社会」から降りる

1 まず降りてみる

韓国のイラストレーター、ハ・ワン氏が書いたエッセイ『あやうく一生懸命生きるところだった』（二〇二〇年、ダイヤモンド社刊）がベストセラーになったことがあります。

四〇歳を目前に何のプランもないまま会社を辞めた著者が、自分をすり減らすような日々から抜け出し、全力で走り続けない生活を始めたことで見えてきた思いを書き綴《つづ》った本です。

「頑張って成果を上げてきたのに、なぜ彼（彼女）のほうが評価されるのだろうか？」

「今のまま、走り続けて、この先、明るい未来は訪れるのだろうか？」

こうした思いは、私自身も感じてきたことですが、本書を手にされているあなたも、これまで幾度となく感じてきたことではないでしょうか。

実は、この思い、放っておくと、あと十年、あるいは十五年続くことになります。

なぜなら、政府が進めてきた「七〇歳まで働く」ための環境整備は、今の職場の序列や人間関係、そして仕事のやり方までも引きずらせてしまう可能性があるからです。

六〇歳が定年だった時代は、それを節目に第二の人生に移行することができました。それが六五歳に引き上げられ、さらに七〇歳となると、それだけ長く収入が得られるメリットはあります。

その半面、これまでのしがらみや、「上司にとって扱いやすい人間だけが出世する」などといった不条理が、この先もずっと、あなたの身に降り注ぐことになります。

また、「ここまでが現役時代」「ここからは第二の人生」といった節目が、七〇歳まで延長されるとなると、セカンドライフも十分に楽しめなくなる恐れがあります。

会社役員まで上りつめた人や高年収を得ている人ならともかく、そのどちらにも当てはまらない人にとっては、かなり息苦しいと感じるのではないでしょうか。

「それは嫌だ」

そう感じた私は、五七歳で第一線から退きました。報道ワイド番組のチーフプロデューサーなど職場での肩書をすべて自ら手放したのです。

第一線から降りたことで感じたマイナス面とプラス面

- マイナス面＝年収の減少、左遷とまではいかなくても閑職への異動。「私」ではなく会社や肩書とつき合っていた人たちの離反。
- プラス面　＝自由な時間の増加、次のステップへ進もうという意欲の増大、会社や肩書ではなく「私」という個人とつき合ってくれる人たちの判明。

このようにマイナス面もありましたが、日々刻々と変わる国内外の動き（専門外の分野も含め）を、たとえ休日でもチェックしなければならない煩《わずら》わしさや、聴取率の高低で評価されるといった気苦労から解放され、気持ちが楽になりました。自由な時間が増え、新たな意欲が湧き、誰が仕事を離れても親しくできる人物なのか選別もできました。

人生というドラマの主人公は、会社や組織ではなく、あくまでも「自分」です。背負っている荷物を下ろすことで見えてくることがたくさんあります。

まず降りてみる。そうしたら見えてくることがある

2 役職に縛られない働き方をしよう

テレビ朝日系「羽鳥慎一モーニングショー」で炎上も恐れないコメントを次々と発している玉川徹さん。

最近では私が勤務するラジオ局のワイド番組にも出演し、政治や社会の問題にゲスト出演しています。

放送でもスポーツ紙の取材（二〇一九年八月四日付『日刊スポーツ』）でも語っていて驚いたのが、五〇代後半で報道局の「平社員」だという点です。

ただ、考えてみれば、報道局長や政治部長といった肩書がない分、自由にモノが言え、部長会議などに出なくて済む分、好きな取材活動ができるという見方もできます。

同じメディア人であれば、ジャーナリストの田原総一朗さんも、四二歳で現在のテレビ東京を辞め、フリーランスでジャーナリスト活動を始めています。

「その時、僕の同期で、一番出世した男は部長になっていた。まあほとんどは課長か係長。僕だけ平社員だった。これは、当時のテレビ東京の暗黙の了解でね、『田原は勝手なことをやってもいい。でも、偉くしない』っていうことになっていた」(二〇一八年九月七日、JBpressインタビュー記事)

私も田原さんから直接、「出世より自由な取材活動を選んだ」と聞いたことがありますが、肩書に縛られる生き方から降りたからこそ今があると言えます。

こうした生き方は、マスメディア以外の業種でも必要になってくるかもしれません。

キャリア官僚で言えば、入省して二〇年から二二年で課長級まで昇進しますが、そこからは椅子取りゲーム。五〇代前半で昇進が止まります。

メガバンクでも、「定年は実質五〇歳」といわれ、五〇歳から五五歳の間に部長になっていなければ管理職を解かれるなど、役職定年や職位退職に直面することになります。

であるなら、それぞれの職場の役職定年を見越して、ある時点までは競争の中で頑張り、どこかの時点で降りるという生き方を選択した方が、競争の虚《むな》しさ、自分を取り戻すことの大切さを実感できるのではないでしょうか。

競争の中から降りることで得られるメリット

- 人事のルールによって役職を奪われるよりも自ら降りたほうが、自分の価値をないがしろにされた感がなく、仕事への意欲や会社への忠誠心が失われにくい。
- 後輩の下に入って働くことになったとしても自分を納得させやすい。
- 時間的、精神的な余裕が生まれ、周りからも「責任者扱い」されなくなるため、やりたいことをしやすくなり、新たな生き方を見つけやすくなる。

定年後に、「元○○株式会社・△△部長」などと退職した会社での肩書を名刺に刷る人がいます。たとえその肩書が、三○年前後にわたる努力と出世競争の末に勝ち取った到達点だったとしても、その人の今の能力を示す材料にはなりません。

今、職場で立派な肩書がある人もない人も、「素の自分にどれだけの価値があるのか」「肩書を取ったら何で勝負できるのか」を考えておくことが大事です。

肩書以上に、あなただけの価値がある

3 しがみつかない幸せ

あなたはどんなときに「幸せ」を実感するでしょうか。

家族と一緒にいるとき、多くの収入を得たとき、昇進の辞令を受けたとき、誰かの役に立ったと感じたとき、などさまざまな場面で感じることと思います。

大きく言えば、私は、「これまで頑張ってきた自分」と「あるべき自分の姿」、この二つの調和がうまく図られているかどうかが、幸せな生き方のカギになるように思います。

「出世レースで後輩に後れをとった」

「役職定年で、肩書が『課長』から『課長待遇』になり、事実上、ラインから外れた」

このような災難に出くわしたときは、さきほど述べた二つの調和が図れなくなり、落胆してしまうことになるかもしれません。

先に挙げた官僚の例ではありませんが、出世する人もしない人も、ある年齢までは同じペースです。

ところが、出世する人は、四〇代半ばまでは課長だったのが、部長→局長→役員と、五〇代半ばまでの間に駆け足で昇進していくのが特徴です。

一方、実績はそれほど変わらないのに、その波に乗れなかった人は、まだ体力もあり気力も衰えていない年代で昇進が止まり、出向させられたりします。

そうでなくとも役職定年という壁が待ち構えています。

主な企業の五〇代の処遇（筆者調べ）

- 自動車大手N社　＝五〇歳で役職定年。給与は大幅減。
- 総合電機大手S社＝五〇代後半で部長クラスの役職定年。給与は二割から三割減。
- メガバンクM社　＝五二歳で出向か転職。
- 損害保険大手T社＝五五歳になると年収で二五％程度減。
- 生命保険大手D社＝五七歳前後で役職定年。年収は三割減。
- 公共放送事業体N＝人事制度改革を行い、管理職に役職定年を設け、早期退職も促す。

●海運大手S社　＝部長になれなければ国内外の関連会社に出向。
●住宅大手D社　＝五〇歳で役職定年、多くは関連会社に移る。
●IT大手N社　＝五〇代で上司から子会社への出向を求められることも。

その先にもハードルがあります。

「はじめに」で触れた改正高年齢者雇用安定法（七〇歳就業確保法）では、六五歳から七〇歳までの働き方として五つのパターンを示しています。

●改正高年齢者雇用安定法で示された働き方のパターン（厚生労働省HPより）

①七〇歳までの定年引き上げ
②定年制の廃止
③七〇歳までの再雇用
④会社と業務委託契約を結ぶ
⑤会社が行う社会貢献活動への参加

これらいずれかによる就業機会の確保を、会社と労働組合で決めることになりましたが、①から③なら、多少、給料は減額されても、会社に残ることはできます。

しかし、④と⑤の場合はそうはいきません。

どんなに実績や人望があっても、めぐり合わせによって出世が叶わず、人事制度のルールによって「降ろされる」リスクは、役職定年だけでなく、その先にもあるのです。しがみつくだけでは先細りです。

周りから「終わった人」扱いされないためにも、そして元気であれば、七〇歳まで自分らしく活動していくためにも、今から準備をしておいて損はありません。

自分から降りて第二ステージの準備をする、役職定年や再雇用制度を受け入れる、起業する、フリーランスになる、仕事はほどほどに趣味や地域活動に生きる……いろいろな選択肢がありますから、自分には何が合うか考えてみてください。

会社とのつき合いは有限、自分自身とのつき合いは無限

4

「承認欲求の呪縛」から脱け出す

アメリカの心理学者、アブラハム・マズローは、人間の欲求には五段階あり、ピラミッドのように構成されていると分析しました。いわゆる「マズローの法則」です。

一段目の欲求が、食べたい、眠りたいといった「生理的欲求」、その上が身を守りたいという「安全の欲求」、三段目が他者と関わりたい、集団に属したいという「社会的欲求」となります。

さらにその上、四段目に来るのが、他者から認められたいという「承認欲求」です。

これがなければ最上段の「自己実現の欲求」、つまり、自分の能力を最大限発揮したいという成長欲求にはつながりません。

しかし、この「承認欲求」はなかなかの曲者《くせもの》です。

「やる気」という意味でしばしば用いられるモチベーションは、高い報酬や役職などのポスト、あるいは、周りから高い評価が得られると高まりますね。

競争社会の中で頭ひとつ、ライバルより抜きん出ようとしたり、成果主義の中で、誰よりも高い実績を上げようと努力したりするのは、何らかの形で認められたいという「承認欲求」があるからです。

正直なところ、私だって、お金やポスト、賞賛や感謝といった外的刺激や内的刺激のいずれもがない場合、「仕事を楽しい」と感じたり、「この先も頑張っていこう」と思ったりする気持ちが失《う》せます。これが「承認欲求」の怖いところです。

チーフプロデューサーとして数十人のスタッフを率いてきた私は、

「ここを乗り切れば少しだけどギャラを上増しするね」

「さすが○○さんだ。仕事が早い！」

といった言葉でメンバーを鼓舞したものですが、これはある意味、「承認欲求」につけ込んだ搾取のようなものです。

そんな私自身も、上司から「聴取率で一位になれば経営側の評価もぐっと良くなるから」などと言われ、「承認欲求」の搾取に乗せられる形で過酷な戦いを続けてきました。

ただ、「承認欲求」は極めて始末に負えないものです。報われなければやる気が失せ、報われればもっと欲しくなります。欲求はエンドレスだけに心身ともに疲弊し、本当にやりたいと思っていることも犠牲にしかねません。

ですから私は、在京AMラジオ局で聴取率一位を続けられるようになったのを契機に、上を目指す螺旋《らせん》階段から降りたのです。その降り方を参考にしてみてください。

際限がない「承認欲求」からの降り方

- 「認められる」というのは他人の物差しによるもの。これを「自分としては満足」という自分の物差しに替えてみる。
- 「腹八分に医者要らず」。燃え尽きる手前で惜しまれてやめる。まだまだ活躍できそうなトップアスリートが「自分らしいプレーができなくなった」と引退するような感覚。

↓ 評価の尺度を「他人の物差し」から「自分の物差し」に替えてみよう

5 「手放すのは惜しい」感情を捨てる

上司や同僚、家族や友人などから認められれば、報酬やポスト、賞賛や感謝といった有形無形のさまざまなものが得られます。たとえ結果が伴わなくても、ねぎらいや励ましの言葉を受けると、無力感や徒労感から救われるものです。

だからこそ、「承認欲求」を満たすことは、人がいきいきと生きていくうえで最強のビタミン剤となるわけです。

ところが、「承認欲求」が満たされると、それまでに得てきた報酬やポスト、賞賛や感謝、さらに言えば、期待や要望などから逃れられなくなります。

「高い給料をもらっているんだから、あれくらいの実績を上げて当然」

「東大を出ているんだし、経験もあるから、きっとやってくれる」

周りからの期待値も上がるため、それに応えようとし、さらに高い次元の「承認欲求」

を求めるというスケベ心も芽生えるからです。まさに呪縛のようなものです。

二〇一七年にノーベル経済学賞を受賞したアメリカの行動経済学者、リチャード・H・セイラーは、「手放すのは惜しい」という感情を「保有効果」と名付けました。

「保有効果」とは、身の回りのものを整理する「断捨離」の際にも実感することですが、現在所有しているモノの価値について、それを所有していないときよりも高く感じ、誰かに譲ったり捨てたりすることが難しくなるというものです。

これを仕事に置き換えると、これまで、それなりの役職に就いている人は、その役職が、本人が望んで就いたポストではなかったとしても、組織のスリム化に伴う部署の統廃合や若返り策などによって奪われるとなると、「手放すのは惜しい」と感じ、強い抵抗を感じてしまうということです。

私も、チーフプロデューサーという報道現場の要職を降りる決断をしてから、実際に降板するまで一年近くかかりました。

「降りれば楽にはなるけど、自分の能力を発揮する場がなくなる」

「おそらく減収になるし、感性が違うB君が後任になる。そんな中で働くのは嫌だ」

こんな思いが交錯し、逡巡する期間が続いたものです。

そこで思い出したのが、以前、番組でご一緒したタレントの武田鉄矢さんの言葉です。

武田鉄矢さんは、一九九四年、「武田鉄矢・今朝の三枚おろし」という番組がスタートした当初から、

「人間は、足し算的な生き方で出世街道を上ることよりも降りる方が難しいんだ」

と語っていました。

当時、武田さんは四〇代半ば。まだ三〇代前半で上昇志向が旺盛だった私にはよく理解できませんでしたが、二〇〇九年、その武田さんが主演する形で『降りてゆく生き方』という映画がロードショーになったのを見て、妙に納得したのを覚えています。

私の場合、「どのポジションにいても発信はできる」と納得させ、降板に踏み切りました。

一度、腹をくくり、降りてしまえば、「さあ次だ」という気持ちになります。降りる勇気さえあれば、案外、うまく転がっていきます。

降りるには、上がるよりも勇気がいる

6 うまく負ける

東京大学名誉教授で社会学者の見田宗介氏は、「まなざしの地獄―都市社会学への試論」(『展望』一七三号、一九七三年、筑摩書房刊)の中で、現代社会の人間模様について、お互いに銃弾のような眼差《まなざ》しを交わしながら相手の地位や財力を値踏みし、「勝った」「負けた」といった消耗戦を毎日繰り返している状態と評しました。

この論文が世に出てから半世紀近くになりますが、後に単行本化されたように今の時代にも当てはまる、的を射た指摘だと感じます。

私もそうですが、本書を手にされているあなたも、この先のどこかで、この消耗戦から降りなければなりません。

「出世はいいから、自宅があるエリア限定、転勤を伴わない仕事をさせてほしい」

「役員になるよりも現場で仕事をしたいので、そうさせてほしい」

こんなふうに自ら降りるパターンもあれば、上司に見る目がなく勝負すらさせてもらえないケース、そして、先に述べたように、役職定年や再雇用といった人事制度によって降りることを余儀なくされるケースもあるでしょう。

いずれの場合でも重要なことは、うまく負けることではないかと思います。

見田氏が言う「勝った」「負けた」の消耗戦への参戦が、動物的なスピリッツからくるものだとすれば、第一線から降りても新しい自分だけの生き方を作り出そうとするのは、まさしく人間的なスピリッツです。

人間である以上、どういう境遇を選んでも、また、どんな立場に追いやられても、自分を見失わないよう上手に負ける、このことに尽きると思うのです。

うまく負ける方法

- 「降りる」際に条件をつける＝「○○からは降りて、△△の仕事をさせてほしい」「これからも□□だけは続けさせてほしい」と上司に伝える。
- 自分の優位性を再確認する＝「ここはあいつに負けているかもしれないが、この部分では負けていない。むしろ自分はこの分野では社内屈指」と納得させ、得意分野で活躍できるよう会社の内外で動いてみる。

●有力なメンターを見つけておく＝経営陣や大きな権力を持つ上司の中に、よき助言者、あなたを引っ張り上げてくれそうな人物を見つけておく。「上層部の中に自分を評価してくれる人なんていない」という人でも、ひとりぐらいは理解者がいるはず。

●会社員であることを利用する＝ラインから外れても会社さえ辞めなければ、ただでパソコンやコピー機、貸与されている携帯電話が使えるので、これを恵まれていると思い、人脈作りなどに利用する。

●周囲に宣言する＝「水曜日は英会話、金曜日は勉強会があるので早く帰ります」と宣言する。要職でない分、認められやすく、「いくつになっても勉強熱心」と評価される。

職場によっては、すべてとはいかないかもしれませんが、私の場合は、チーフプロデューサーから降り、出世のラインから外されても、政治や教育問題、アメリカや韓国の大統領選挙をはじめとした国際情勢のニュース解説は続けられています。

これは、自分がやりたい仕事を、上司や同僚に「見える化」したからです。職場の中で、というレベルではあっても、これらの分野は私が一番詳しいという優位性があること、そしてそのことを海外出張の決裁をしたり、特番を放送するかどうかの判断を下したりする責任者にアピールしてきたからでもあります。

上司や同僚は、よほどの鬼でもない限り、最低限の要望は聞いてくれるものです。「夜は、勉強会や大学院の研究とか、いろいろと用事がある」などと宣言をしたことで、いなくても済む会議や不毛な飲み会から逃れることができるようにもなりました。

平日の夜に自由な時間が増え、その時間を、言葉どおり、大学院の院生としての研究や執筆に充てたり、健康を維持するためスポーツジムに通ったりする時間にしています。

会社のパソコンやコピー機を自分のために使うという、会社員であるという旨《うま》みを利用しての「ささやかな反抗」も、動いた分だけ成果となって返ってきます。

ただでは降りない、最低限、欲しいものは手にする

7 減速して人生の第二コーナーを回る

これまで述べてきた他者からの「承認」を追い求める生き方は、若い人がＳＮＳで「いいね！」を欲しがるようなものです。

「認められたい」という思いも、ツイッターやＹｏｕＴｕｂｅでフォロワー数や再生回数を競うのとどこか似ています。

五〇代のように、現役生活も後半に差しかかっている年代は、そろそろ「いいね！」やフォロワー数を求めないスタンス、もっと言えば、

「会社での肩書、周りからの評価＝自分という人間の価値」

という幻想から自らを解放し、周りがどうであれ、

「本当にやってみたいことは何か」

「これからの自分には何ができるか」

たとえばこのように、自分の奥底に流れる鉱脈を見つけ、今後の生き方の「軸」を定めて成熟を目指す時期です。

孔子が『論語』（金谷治訳注、岩波書店刊）の中で語っているように、

「五十にして天命を知る」

を実践すべき年代なのです。

このように述べると、

「出世競争とか売り上げ競争からさっさと降りろと言われているようで嫌だな」

と感じる方がいるかもしれません。

しかし、降りるということは決してネガティブな意味ばかりではないのです。

作家の五木寛之さんは、著書『孤独のすすめ』（中央公論新社刊）の中で次のように述べています。

――いい車というのは、すぐれた減速力をもっている。（中略）高齢化社会にどう生きるかを考えたとき、私の頭に浮かんだのは、減速して生きる、というイメージでした。そ

れも無理にブレーキをかけるのではなく、精神活動は高めながら自然にスピードを制御する、という発想です。――

五木さんは、時折、私が勤務するラジオ局のワイド番組にも出演され、「悩んだとき、『人生とはひどいものだ。だからと言って自ら退場するほどひどいものではない』というゴーリキー（ロシアの作家）の言葉に慰められた」と語っています。五木さんは、これまでの人生がどうであれ、投げやりになる必要などなく、緩《ゆる》やかにスピードを制御して、コーナーを回ればいいと述べているわけです。「勝った」「負けた」が味わえるレースはスリリングで刺激的です。減速して、レースの先頭争いから降りれば、一時的につまらないと感じるかもしれません。

ただ、そうすることで、無事にコーナーを抜け、新しい直線コースが見えてくるかもしれません。そこで再び、経験で培った太いトルクを利かして加速すればいいのです。

職場ではシフトダウン、新しいコースで再び加速

8 他人は変えられない、変えられるのは自分

先進国の中でもっとも早く少子高齢化が進む日本。

労働寿命は六五歳や七〇歳まで伸びても、職場には六〇代の再雇用組や五〇代のベテラン社員が溢《あふ》れ、多くの会社で、出世したくてもポストに空きがない状態が散見されます。

そうした会社の人事制度は特にゼロ・サム・ゲームです。

課長のポストはひとつ、部長のポストもひとつ、という場合、部課長になった人は得をしますが、なれなかった人は損をするという構図です。

しかも、肝心の人事評価制度も、個人の実績だけではなく、数字では表せない勤務態度や意欲、ひどいケースでは、上司の好き嫌いで左右されるのが実情です。

組織行動学の専門家で、スタンフォード大学ビジネススクールのジェフリー・フェファー教授は、著書『「権力」を握る人の法則』（日本経済新聞出版刊）の中で、

「個人の評価に影響するのは、仕事の成果よりも上司との関係性である」

と述べています。

したがって、部下は評価する側の上司の目を過剰に意識し、上司からの、

「この方針でいこうと思うけど、いいよね？」

といった同調圧力に、いとも簡単に屈してしまいます。そして、上司にうまく取り入ることで数少ないポストを得ようと戦い続けるわけです。

「はじめに」でも述べましたが、日本社会はまだまだ「タコ壺」社会です。

個人が集団の中に埋没し、「内輪のルール」「旧来の慣習」、そして職場でしか通用しない「マニュアル」に従うのが当たり前という社会です。

今、流行りの多様性＝ダイバーシティーなんて実際には歓迎されません。「職場の掟《おきて》」から逸脱しない無難な人が評価されてしまうのです。

この「タコ壺」に身を隠し、流れに身を任せていれば、面倒なことは避けられ、年齢とともにそれなりの職位までは出世できます。

しかし、これでは会社にイノベーションが起きにくいだけでなく、あなたの人生にもプ

ラスの変化は起きません。

ただ、残念ながら、「タコ壺」社会の人事評価制度や企業風土は、一部の外資系やベンチャーを除いて一朝一夕には変わりません。

「タコ壺」社会で重用されるのは、ルールや慣習を守る四〇代までの人と、ITやAI（人工知能）を活用できる人材くらいです。

新型コロナウイルスの感染拡大で、テレワークが増え、リモート会議がメインになると、パソコン操作に弱く感性も古い五〇代以降の社員は、高学歴で資格などを持っていても、「ウィンドウズ一〇〇〇」（窓際にいる年収一〇〇〇万円超えの人たちへの蔑称）と揶揄《やゆ》されるようにもなりました。

残念ながら、この流れも変わることはないでしょう。

だとすれば、こちらが変わることです。

自分の変え方

●「これは変えられない」と感じたら甘んじて受容する＝頑なに抵抗するとにらまれる

だけ損。他者や会社の制度を変えようとする時間と労力がもったいない。

●人前でギブアップしてみせる＝「○○副部長って意外と素直」などと、かえって好感を持たれる可能性もある。一度、プライドを捨てれば楽になる。

●苦手な分野は得意な人に助けを請う＝相手が年下でも頭を下げて手伝ってもらう。

●自分がいきいきできる、もうひとつの場所（大学院、専門学校、ジム、副業先、社外サークル等）を見つける。

私の経験則で言えば、できないことは「できない」と言い、助けてほしいことがあれば「助けて」と言うほうが早道です。

高学歴で、これまで高い実績を上げてきたという自負がある人ほど、人前でギブアップすることを嫌がる傾向がありますが、胸を張って「できない宣言」をし、無理をしてでもやろうと考える「タコ壺」的慣習から逃れることも身を守るコツです。

自分ならきょうから変えられる

9 登山では下山が大切

「人生には三つの坂がある。上り坂、下り坂、そして『まさか』である」

これは、小泉純一郎元総理大臣が、「一寸先は闇」という政治の世界の怖さを表現した言葉です。

このうち「まさか」は想定できませんが、上り坂と下り坂は準備ができるものです。

今、職場で上り坂にあるあなたは、どの場所まで、どのように上るか、逆に下り坂にあると感じたあなたは、ここからどう降りていくかを考えなければなりません。

中でも下り坂は、先に武田鉄矢さんの言葉を例に述べましたが、上るより難しい面があります。

正月の風物詩、箱根駅伝＝東京箱根間往復大学駅伝競走でも、出場校の中には、「山上りの五区よりも下りの六区が難しい。重力を利用すればするほど速くなり過ぎて、脚が追いつかず転んでしまう危険がある。降り方が問われる六区が勝負どころだ」と分析する監督もいるくらいです。どこか国家や人生にも共通する部分があるような気がしませんか？

日本は戦後、高度経済成長を遂げ、世界第二位の経済大国になりました。現在は中国に抜かれ三位となったものの、依然として世界屈指の「富める国」です。

インフラも整備され、新型コロナウイルスの感染拡大も他の先進国に比べると封じ込めることができている「安全な国」です。平均寿命も世界一の水準です。

その意味では、成熟国家の典型で、ここからは、成長を続けてきた国としての姿からどのような形で降りるか、真剣に考えなければならない時期に直面しています。

私たちもまた、成長が著しい日本社会の中で、受験勉強という競争をして高校や大学、専門学校などに入り、社会に出てからも、職場のライバルや競合他社と先を争いながら、わき目もふらず山の頂上を目指して働いてきました。

しかし、登山をしている以上、どこかで下山しなければなりません。

無事に平地に降りてこそ登山は成功と言えます。

「次はどの山に登ろうか」

と、新たな意欲も湧いてきます。

私の愛読書のひとつに、司馬遼太郎さんの『坂の上の雲』（文藝春秋刊）があります。

ご存じのように、明治維新から日露戦争へと突き進む時代の日本人の高揚感、そして、坂の上に輝く一朶《いちだ》の雲を目指して、ひたむきに上っていく人々の思いを、台頭してきたナショナリズムに警鐘を鳴らしながら描いた名著です。

読み返す度に感じるのは、「求め続けると戦いは終わらない」「坂の上の雲はつかみきれないもので、山頂にたどり着いたと思っても次の坂が待っている」ということです。

「上へ、もっと上へ」の思いは次の欲を生みます。

政治家などはその典型。上ることが大好きで、なかなか降りようとはしません。

私たちは、定年や解任で突然ゼロになる前に、ある程度、満足したら下山の準備を始め、まだまだ続く長い人生の次の生き方を探してみてもいいのではないかと思います。

「ここがピーク」と感じたら、早めに下山の準備を

10 下山では登山と違う景色が見える

山や坂道を上るのに必要なものに、登山靴やバックパック、レインウエアやピッケルなどがあります。本格的な登山であれば、地図や登山計画書なども必携でしょう。

社会人としての生活に当てはめれば、前者はスキルや人脈、後者は先々の目標や将来のキャリアデザインといったところでしょうか。

私も、担当番組の聴取率を上げ、取材や研究を通じて専門性も高め、「四〇代前半で部長に」とか「五〇代早々に転身して大学で教えテレビ業界にも進出する」といった野望や未来図を描き、黙々と山を登ったものです。

私の場合、

「霧が立ち込めていて頂上がよく見えない。頂上があるのかないのかさえも……」

「仮に目標地点にたどり着けたとしても、思ったほど得るものはないかもしれない」

「この会社で山を登っても、一歩外に出たら通用しそうにない」

こんな思いにもかられて下山を決意しました。

日々、さまざまなニュースに接している立場から言えば、現実の登山では、トラブルの多くが下山途中で起きているように感じます。

天気の急変による遭難、落石や雪崩《なだれ》の直撃などは代表例で、下山のタイミングを計り損ねた結果、起きてしまった事故もあります。

私たちの生活で言えば、

「地位に恋々としたため、守ることに躍起になり、晩節を汚すことになってしまった」

「ライバルを蹴落としてでも上ろうとしたため、毛嫌いされ、ハシゴを外されてしまった」

「我慢をして勤め上げたため、年齢的に第二の人生を始めるきっかけや体力を失った」

といったことになるのかもしれません。

早めに見切りをつけた下山は案外いいものです。

●早めの下山で得られること

●登っているときには気づかなかった雄大な景色が見える＝「本当はこんなことがやりたかったんだ」「キャリアを活かせば、違うことができそう」という思いに気づく。

●「こんな美しい花が咲いていたのか」と高山植物にも目が行く＝自分のメンターや支援者になってくれそうな人、これからも味方でいてくれる同僚や部下の存在に気づく。

●まだ足腰が疲れ切ってはいないと実感する＝この先の十年、二〇年に向けて、気力も体力も残っていることが自覚できる。

もちろん、「まだ登れる」「まだ上がりたい」と思うなら登り続けるのは自由ですが、心のどこかで限界を感じたり、一定の達成感があったりするのであれば、競い合って頂上を目指す消耗戦からは降りて、登山中には観賞する余裕すらなかった景色（家族や自分自身のこれからなど）と向き合ってみるのもいいのではないかと思います。

↓ 早めに下山し、景色を眺めるのもいい

第2章

「お金やモノへの執着」から降りる

11 お金に執着しなくても大丈夫

「お金がないと豊かな老後は過ごせない。だから第一線から降りるわけにはいかない」

こういうふうに考える方も多いでしょう。

経済アナリストで獨協大学教授の森永卓郎さんのように、

「年収二〇〇万円とか三〇〇万円でも楽しく暮らせます」

という専門家もいますが、これまでそこその年収をもらってきた人は、第一線から降りて減収となっても、それまでの生活レベルから降りることは容易ではないからです。

とはいえ、それほどお金に執着する必要性はないのも事実です。

二〇一九年六月、金融庁の「金融審議会 市場ワーキング・グループ報告書」で、「年金だけでは老後に二〇〇〇万円不足する」という部分が大問題になったことがあります。

金融庁は、「人生一〇〇年時代」を踏まえ、男性六五歳以上、女性六〇歳以上の夫婦の無職の世帯が、たとえば月々の食費を六万五〇〇〇円にするなど、想定される支出をした場合、年金だけで生きるには毎月約五万円が不足し、その時点から二〇年生きたとすると約一三〇〇万円、三〇年生きたとすれば約二〇〇〇万円の資産が必要になると試算したわけです。

その背景には、「年金だけでは足りないよ」と不安をあおることで、国民の関心を貯蓄から投資に向け、経済を活性化させようという政府の思惑があります。

では、いくらあれば、老後の不安、つまり「今、第一線から退いて減収になるのはまずい」という呪縛から、少しでも解消されるのでしょうか。

私が担当していた報道ワイド番組でコメンテーターをしている経済ジャーナリストの荻原博子さんに、私を例に聞いてみたことがあります。

――退職金が仮に平均的な額で一五〇〇万円として、それを老後資金と考え貯金しておきます。そのお金は、清水さんや奥様の介護に一〇〇〇万円、医療費に二〇〇万円、それ以外の雑費に三〇〇万円といったように想定していくといいでしょう。毎日の生活には、夫婦二人で受け取る年金を充てれば、普通には暮らしていけると思います。――

退職金の相場は、大学卒で三八年前後、勤め上げた場合、経団連に加盟しているような大企業で約二五〇〇万円、中小企業で約一二〇〇万円です。

役職定年などによって現役時代に大幅に給料が減った人は、これより減る可能性もありますが、今の預貯金額と退職金の額を把握し、使途を仕分けしておけば生活はできます。

●お金やモノに執着しなくて済む方法

- 総資産を「見える化」し、退職金の額も把握しておく。
- 世間体を気にしない生活を送る。
- 「なくても済む」ものを購入しない生活をする。
- 五五歳あたりまでに借金を減らしておくように努める。
- 保険、投資、医療、介護などを見直す。

本章では、これらについてさらに詳しく見ていきます。

もちろん、夫婦で楽しむ旅行、個人の趣味、持ち家やマンションのリフォーム、クルマの買い替え費用なども必要になります。夫婦の介護費に一〇〇〇万円では心もとないかもしれません。

その場合は、少し稼げばいいのです。

金融庁の報告書が示すとおり、毎月五万円不足するというのであれば五万円を稼ぐ。「まさか」や「もしも」に備えて預貯金を増やしておきたいのであれば十万円を稼ぐようにすればいいのです。

月々五万円、十万円といった数字は夫婦で稼げばいい金額です。今は労働人口が減り、高齢者でも働き口は十分ありますから、それほど難しくないのではないでしょうか。

少しだけ、今の生活をダウンサイジングする必要性は生じるかもしれませんが、お金がないなりの生活はできますし、足りないと思えば、その部分だけ働いて稼ぐという生き方もできるのです。

ほどほどのお金があれば老後は暮らせる

12 総資産を「見える化」する

周りから認められたいという「承認欲求」。際限がない欲求の呪縛から降りたとして、失いかねないものが主に三つあります。

ひとつが「権限・権力」。そして「自己肯定感」。さらにもうひとつが「これまでの年収」です。

このうち、「権限・権力」は、指揮や指導する立場ではなくなり、「あの人はもう部長ではなくなった」「チームのリーダーではなくなった」と、少なからず人心の離反を招く恐れがあるということです。

たとえば、部長という職位は、「営業部」や「企画推進部」といった部署の大統領です。相応の予算と部下をどう配置するかといった人事権を掌握する絶対権力者です。

私も降りる前は、報道ワイド番組や全国ネット番組を率いる大統領として、コメンテーターなどを含めれば、延べ五〇人の人事権と相応の予算執行権を握っていました。

この地位を手放せば、当然、何の権限も権力もなくなりますが、そこは覚悟のうえで降りたのなら大きな問題はありません。第1章で触れたように、権限や権力と引き換えに自由な時間など得るものもたくさんあります。

二つ目の「自己肯定感」は、会社での職位や職場での立場＝自分の価値、と考えてきた人にとっては、一定期間、気が抜けた感覚に陥るかもしれません。

ただ、これも、

「自分には、部長とかチーフといった肩書では測れない価値がある」

と気づくことができれば、再び意欲が湧いてくるはずです。

問題は、三つ目の「これまでの年収」です。

管理職を降りると、多くの場合、収入はダウンします。

五〇代を中心に四〇代後半から六〇代前半と言えば、子どもはまだ大学生、住宅ローンも残っているというケースが多く、セカンドライフや定年後の生活を考えれば、どのくらい資産があるのか、ざっとでも「見える化」しておくことをおすすめします。

●資産と負債の見える化＝「資産の棚卸し」の例

資産と負債		種類	名義・使用者	金額・評価額等
貯蓄	○○銀行	普通預金	田中一郎	六〇〇万円
	△△銀行	定期預金	田中花子	三〇〇万円
	□□証券	投資信託	田中一郎	一〇〇万円
保険	○○生命	定期付終身	田中一郎	二〇〇万円
	△△生命	終身	田中花子	三〇〇万円
不動産	自宅	マンション一戸	田中一郎	二〇〇〇万円
クルマ・宝石等	自家用車	ドイツ車一台	田中一郎	一〇〇万円
	時計	高級時計一個	田中一郎・花子	二〇〇万円
借金	○○銀行	住宅ローン	田中一郎	二三〇〇万円

右の田中家の場合は、（資産－負債）で一五〇〇万円が総資産ということになります。

講演に呼ばれて驚かされるのが、預貯金の総額すら正確に知らない人が意外に多いという点です。特に男性にその傾向が顕著です。

私たちが使えるお金は、主に労働収入、資産、社会保障です。

このうち、年金に代表される社会保障は、先々どうなるか心もとなく、降りたことに伴い労働収入も目減りするとなれば、資産を把握しておくことは大事です。

現金、預貯金、不動産、株式や投資信託、生命保険などの保険、あるいは個人年金、貴金属、ゴルフ会員権、美術品や骨董品、趣味の収集品など、どれくらいあるのか、そして通帳などはどこに置いてあるかなど夫婦間で共有しておきましょう。

これは、今後の生活への備えというだけでなく、地震や豪雨など自然災害に備えるという面でも役に立ちます。

降りる前、あるいは降りた直後に、資産を確認しておこう

13 世間体から自由になる

私もそうですが、本書を手にされているあなたも大なり小なり、これまで世間体を気にして生きてきたのではないかと思います。

特に、会社でそれなりの地位や年収を得てきた人は、「相応の生活をしよう」と体裁を気にし、見栄も張ってきたのではないでしょうか。

もちろん、カッコよさや美しさ、羽振りのよさや仕事ができる感をアピールするために、自己演出はあっていいと思います。

「いい時計してますね」

商談などでは、時計ひとつから相手と話が弾むなど、張れる見栄は張ったほうが、仕事がうまく運ぶこともあったでしょうし、部下から見てもカッコいい上司のほうが、受けがよかったかもしれません。

ただ、「世間体を大事にする」というのは、あくまで他人の価値基準で生きるということです。

ラジオ番組を通じて仲良くさせていただいている漫画家で『黄昏流星群』や『島耕作』シリーズで知られる弘兼憲史さんは、

「六〇を超えたら、自分を演じなくていい」

よくこんな話を口にされてきました。

私も同感で、もっと言えば、五〇代でも、もうそろそろ他人基準の生活からは降りていいのでは、と思っています。

もちろん、「人は見た目が九割」とも言いますから、年相応の格好や振る舞いは必要になります。

とはいえ、成熟世代ともなれば、流行に左右されたり、周囲の目を過剰に意識したりせず、生き方はもとより、着用するスーツや身につける時計にしても、あるいは、乗るクルマや持ち歩くバッグにしても、自分基準で決めたほうがカッコいいのではないでしょうか。

また、そうしたほうが無駄な出費が抑えられ、降りたあとの生活にも余裕が生まれます。

世間体を気にしないための心構え

- いい服を着たい＝高級スーツを身にまとっていても、背筋がピンとしていないとカッコよく見えない。居住まいをただすことが先決。立ち居振る舞いが凛《りん》としているかどうかのほうがはるかに重要。
- 有名ブランド品を持ちたい＝ロレックスやプラダに見合っているかを考える。内面が伴っていると思えば購入し、まだまだ未熟と思えば購入を見送る。体裁を気にするなら、ハイブランドの時計やバッグよりも、「知る人ぞ知る」ブランド、自分らしいブランドの品々を持っているほうがお洒落《しゃれ》に見られる。
- 高級車に乗りたい＝国産車の一・五倍はするドイツ車やスウェーデン車であっても、一・五倍は長持ちしないし飽きもくる。燃費や安全運転支援機能は国産車が上という場合もある。アウトドア派ならドイツ車のセダンより国産車のSUV、先進性ならスウェーデン車のハイブリッドより国産車のEV（電気自動車）など、見栄よりもライフスタイルに合ったクルマ選びが今風。
- ビジネスクラスで旅行したい＝航空機のプレミアムシートに座っても、成田―ニューヨーク、羽田―那覇といった飛行時間は同じ。寛《くつろ》ぎたいのであれば、航空機はエコノミーかプレミアムエコノミー席に抑えて、現地で立地のいい高級ホテルのほうがベター、などと考えてみる。

●高級住宅街に住みたい＝持ち家のためにローンに追われる生活がいいか、住宅にかける費用を抑えて、趣味などにお金を回すほうがいいか、残りの人生を考えて判断する。

●子どもで見栄を張りたい＝「いい大学を出ていい会社に入る＝人生の成功が約束される」という時代ではないことは十分理解しているはず。無理をして難関大学や人気企業を狙わせるのではなく、子どもの志向性を重視し、希望する進路で成功するよう、親として支援する。

このように「名より実を取る」考え方もあっていいのではないかと思います。

五〇代からは「人目」よりも自分基準で

14 モノは足し算ではなく引き算で

総務省が二〇二〇年五月に発表した「家計調査報告」によれば、一世帯あたりの平均貯蓄額が一七五五万円あることがわかりました。

年代別に見てみましょう。

●総務省「家計調査報告」―年齢別貯蓄額（二〇一九年）

●四〇代　一〇七六万円

●五〇代　一七〇四万円

●六〇代　二三三〇万円

こうして数字だけを見ると、「そんなに貯金があるの？」と驚かされます。

ただ、これらの数字には、銀行に預けている普通預金や定期預金だけではなく、株や投資信託などの「有価証券」、それに貯蓄性がある「生命保険」も含まれています。

また、三分の二の世帯が平均値に達しておらず、少数のセレブ（富裕層）が平均値を押し上げている実態も明らかになっています。少しホッとしますね。

しかし油断はできません。

日本は、行政府のトップである内閣総理大臣が、「自助、共助、公助」を基本姿勢に掲げる国です。これは、

「まずは自分で自分を助けなさい。公的な支援は後回しです」

と言われているのと同じです。

高収入の人も注意が必要です。

二〇二〇年一月から、年収八五〇万円を超える会社員や公務員の所得税が増税になり、同年九月から、月収が六三・五万円以上ある人は、「標準報酬月額」で決まる厚生年金の保険料の上限が引き上げられました。

年収が一〇〇〇万円以上あるような高所得者は、この両方で年間約六万円以上（所得税

で三万円、厚生年金保険料で三万円）も負担が増えたことになります。

同年四月からは、高等学校等就学支援金制度が拡充されましたが、支援金が支払われる対象は九一〇万円未満の世帯で、それ以上年収がある世帯は対象外です。つまり、そこそこの年収がある人は、公的な支援が期待できないということです。

どの年収帯の人でも、第一線から降り、コロナ不況も追い討ちをかける今は「守り」の時期です。余計なものは買わず、自衛策を図るしかありません。

そのためには、「あったらいいな」と思うものには手を出さないことです。「あったらいいな」は「なくても済む」ものだからです。

野球で言えば、本当に打ちたい球だけを打ち、ボール球には手を出さないことです。

これからは「足し算」ではなく「引き算」の考え方も大切です。

自宅の中に、ほとんど着ない洋服や使わないグッズがあれば、ヤフオクやメルカリで売るなどして、バッサリと整理しましょう。気持ちがサッパリします。

「守り」の時期は「なくても済むもの」に手を出さない

15 五五歳でリセットを目標にする

今、生活に余裕がある人でも、第一線から降りれば減収が待っています。起業や副業については後述しますが、これらをしない限り、ゆくゆくは年金生活です。

年金をいくらもらえるかは、自営か会社員か、会社員であれば何年厚生年金に加入したかで異なります。

五年ごとに厚生労働省が公表する最新の「財政検証」(二〇一九年)を見ると、標準的な世帯の夫婦(会社員と専業主婦)で月に二二万円くらい、自営の人で月に約六万五〇〇〇円、つまり夫婦で約十三万円であることがわかります。

年金は、基本的には六五歳から受給できますが、希望すれば、六〇歳から七〇歳の間で好きなときに、「繰り上げ受給」(六五歳より一か月早まるごとに〇・五%減額)や「繰り下げ受給」(六五歳より一か月遅くなるごとに〇・七%増額される)という形で受け取ることができます。

今後、国会では、安倍前政権時代から進められてきた全世代型社会保障制度として、七五歳から受け取るという選択肢も議論されることになるでしょう。

ここで大切なことは、五五歳あたりまでに借金を限りなくゼロにしておくことです。

五五歳をめどに借金をゼロに近づける方法

●住宅ローン＝一〇〇万円でも二〇〇万円でも繰り上げ返済をして元本を減らしておく。

低金利時代、銀行に預けるお金があるなら繰り上げ返済に回したほうが、元本の減少とともに利息も少なくなるのでお得。

●教育費　＝日本政策金融公庫が窓口となっている国の教育ローンは、子どもが三人いる家庭でも年収九九〇万円以下が融資の対象。高年収の人は民間金融機関で借りることになるが、極力借りないで済ませる。

頼るのは祖父母。祖父母から教育資金としての贈与であれば一五〇〇万円まで非課税。

奨学金を借りるなら、日本学生支援機構の貸与型のものはできるだけ借りない。大学独自の給付型奨学金に申し込んでみる。

●クルマ
＝ローンを組んでまで購入するのは論外。キャッシュで余裕を持って買えるなら購入し、そうでない方はあきらめるか先送り。

五五歳までに住宅ローンの支払いが終わり、子どもの教育費負担も限りなくゼロに近い身軽な状態であれば、家計的には立派な「勝ち組」です。

職場で第一線からは降りても、定年延長制度などを利用すれば、六五歳までしがみつくことができます。これからの十年で年間二〇〇万円ずつ貯めれば、すでにある預貯金と合わせれば、二五〇〇万円から三〇〇〇万円前後の資産は形成できそうです。

これに退職金や月々の年金をプラスすれば、どうにか老後の生活はやり繰りできるので、第一線から降りても、降ろされても何とかなるのではないかと思います。

五五歳で借金ゼロ＝今後の人生にゆとりをもたらす目安

16 保険のカラクリを知る

家計をダウンサイジングするうえで重要なポイントになるのが生命保険です。結論を言えば、

「生命保険なんて必要最低限でいい」

というのが私の考え方です。

生命保険には大きくわけて二つの種類があります。

少ない保険料で大きな保障が得られる掛け捨て型保険と、満期時や解約時に保険料の一部が満期金や解約払戻金として戻ってくる貯蓄型保険です。

このうち、掛け捨て型保険は、死亡保障と入院保障が柱となっています。

多くの人が出し合って集めたお金を、死んだ人やけがをした人だけがもらえる「相互扶助」のような仕組みになっています。

少ない保険料で、もしものとき、まとまった保障が受けられる半面、元気な人は出資するだけで終わってしまうという欠点があります。

私が「掛け捨ての保険なんて最低限でいい」と申し上げているのは、私たちが想像以上に公的保険で守られているからです。

私たちは、毎月、厚生年金保険料や健康保険料、そして四〇歳以上の人なら介護保険料などの社会保険料を支払っています。

年収五〇〇万円の会社員であれば年間で七〇万円以上、年収一〇〇〇万円の会社員なら、その約二倍も社会保険料を納めていますので、勘定に入れないのは損です。

●私たちの暮らしを守る公的保険

- 遺族年金制度＝夫が亡くなっても子どもが十八歳になるまで月々十万円から十五万円前後の「遺族年金」が支給される。専業主婦の妻が他界した場合も出る。
- 障害年金制度＝事故で障害を負ったなどの場合、公的年金の「障害基礎年金」対象者と認められれば、解消されるまで給付を受けられる。

●高額療養費制度＝一か月に支払った医療費が一定額以上になると超えた分を支給してくれる制度。家族の複数が入院し高い医療費を払っても合算して利用できる。

これら以外にも、傷病手当金制度や労災保険制度があります。思った以上に手厚いため、民間の掛け捨て保険はかなり削ることができます。

一方、貯蓄型保険は、掛け捨て型保険に貯金をプラスしただけの商品です。

「掛け捨てはもったいない。貯蓄型のほうがお得」

と考える人もいますが、貯金機能がついている分、保険料が高いのです。

早期に解約すれば元本割れしてしまうケースがあるほか、満期金や解約払戻金の受け取りによって生命保険の契約が終了した場合、以後の保障は受けられなくなります。

貯蓄型とはいっても、銀行などへの預貯金とは違い、契約したときの利率が延々と続くため、今後、仮に高金利時代が到来しても、低金利のまま運用されてしまうという欠点もあります。

では、何を削ればいいか代表的なものを挙げておきます。

生命保険、ここが削れる！

- 保険に付いている「三大疾病特約」を見直す＝特約がついていても三大疾病（がん、脳卒中、急性心筋梗塞）ごとに条件があるので、本当に必要か見極める。
- 子どもが社会人になったら生命保険の死亡保障を減らす＝「子どもを大学までは出したい」という願いが叶えば死亡保障を思い切って削る。
- 貯蓄型保険の「学資保険」はやめる＝高等学校無償化や給付型奨学金が増えつつある中、保険で貯蓄が必要なのか再考する。

保険会社の担当者は、さまざまなオプションがついた保険を勧めてきます。

たとえば、外貨建て生命保険は、為替相場のリスクを伴い、元本割れの危険性がありま す。過去に病気になった人でも入れる無選択型終身保険も保険料が割高で、早期解約した場合、元本割れする恐れがありますので、セールストークに乗らないことが肝要です。

保険は、将来予想されるリスク分だけで十分

17 投資の裏側を見抜く

金融機関がしきりに投資信託を勧めてくることがあります。

マイナス金利政策をはじめとする日本銀行の金融政策で、メガバンクや生命保険会社、証券会社などの金融機関は、ことごとく運用難に陥り、収益が悪化しています。

投資信託は預貯金とは異なり、こうした金融機関にとってリスクがなく手数料を稼ぐことができる商品だからです。

その格好のターゲットが、働き盛りのベテラン会社員とお金を持っている高齢者です。

「こちらは『分散投資』の商品ですからリスクは少ないです」

投資信託の多くの場合、こんな言い方で、国内株式、国内債券、外国株式、外国債券などを組み合わせて運用する「分散投資」を勧めてくることがあります。

投資には「卵はひとつのカゴに盛るな」という言葉があるように、国内株式や外国債券など複数に分散して運用すれば、何かが暴落しても、すべてがダメになるわけではないというメリットはあります。

ただ、報道の世界で日々、経済の動きに接し、専門家にも取材している私でも、今後、何がどう値動きしそうかなんて見通せません。第一、「分散投資」の商品にリスクがないのなら、二〇〇八年のリーマン・ショックのような出来事は起きていません。

投資信託の人気商品、「毎月分配型投資信託」も注意が必要です。

「毎月分配型投資信託」は、購入すると、毎月、一定額の分配金が受け取れる商品です。分配金のほとんどが元本の払戻金であるにもかかわらず、毎月、定額の振り込みがあることで、購入した人は「運用がうまくいっている」と勘違いしてしまうのです。

しかし、投資信託である以上、リスクはあります。近頃では、ハイリターンを狙って新興国の債券に投資する商品もあります。購入するならリスクを慎重に検討しましょう。

「長期投資」にも不安はあります。

十年先、十五年先、日本や世界で何が起きているか想像できるでしょうか?

「長期投資」は、損を出しても「長い目で見ましょうよ」と弁解しやすいため、商品を売る側にとって便利な商品なのです。

投資信託全体に言えることですが、株とは違い、購入時や解約時の手数料以外に保有コストがかかります。それも売る側や運用する側の利益になっているのです。

●投資信託を始める前にチェックしておくこと

- ●相場の動きをこまめにチェックするタイプかどうか。
- ●生活資金や老後資金のほかに余剰金があるかどうか。
- ●担当者のセールストークに乗らないリテラシーと情報があるかどうか。

コロナ禍の今、投資をするなら、余ったお金で「ちょい投資」がベストです。

NISA《ニーサ》のようにリスクが少ないもの、あるいは、「株主優待」などを楽しみに、少額の株式投資あたりで留めておいたほうが無難です。

↓投資をしたいなら、余ったお金で「ちょい投資」

18 銀行と郵便局は「安心」じゃない

二〇一八年に金融庁が発表した投資信託に関する調査で、「個人投資家の四六%が損失を抱えている」という結果が出たことがあります。

「今、日本の銀行ではほとんど利息がつきませんよ」

「この商品なら、運用利回りが三%なんです」

金融機関の担当者のこういった言葉はウソではありませんが、実際には半分近い人が損をしていることになります。

銀行に行くと、投資信託、外貨建て生命保険、外貨預金、純金積立、個人年金などいろいろな投資商品が売られていますね。

銀行は、皆さんの貯金をこれらの投資商品に振り向けようと狙っています。言い換えれば、銀行は、あなたを見ず、あなたの預貯金額などを見ているのです。

今よりも景気が安定していた頃に半数近く人が損をしているということは、新型コロナウイルスの終息が見通せず、アメリカと中国との対立も、バイデン政権に代わってどうなるのか不透明な中、投資なんぞに手を出せば、さらに多くの人が損失を出すことになるのではないでしょうか。

銀行にとっては、わずかでも利息がつく預貯金はリスキーです。顧客から高い手数料を得ないと利益は上がらず、駅前に構えている支店を統廃合したり、ＡＴＭを共有化したり、場合によっては他行と経営統合でもしない限り生き残れなくなっています。

他業種に転職した元銀行員に直接聞いた話ですが、勤めていた銀行の支店では、窓口に、お金を持っていそうなお客さんが来ると、奥にいる上司に伝えるルールになっていたそうです。

そうすると、副支店長クラスの上司は、お客さんの名前を確認し、慇懃《いんぎん》無礼な態度で近寄っていくわけです。こうして投資に誘うわけです。

全国に約二万四〇〇〇店舗もある郵便局も一〇〇％信頼してはいけません。

郵便局の営業担当者が、顧客が入っていた保険を新たな保険に切り替えさせる際、わざと二重に契約させ、二倍の保険料を支払わせていたなどとする「かんぽ生命不適切販売」は記憶に新しいところです。

かつて「安心で安全」神話があった郵便局は、郵政民営化によって、二〇〇七年十月以降、民間企業になりました。それ以降、銀行などとの厳しい競争にさらされています。

郵便局では、窓口で七〇本弱、インターネットで一三〇本弱の投資信託が販売されていますが、その四割が基準価格割れ。すなわち、購入した人に損をさせているのです。

郵便局で販売している金融商品のひとつに、「ハッピーロード」とか「しあわせの便り」といった、いかにも老後が幸せになりそうなネーミングの「変額個人年金保険」がありますが、それまで存在した商品が、損が膨らみ運用できなくなって募集停止になり、名前を変えたものもあります。

せっかくここまで働いて形成してきた資産の運用を、銀行や郵便局など金融機関に丸投げしないこと。これが資産を減らさず、第二の人生を始めるポイントです。

金融機関はあなたではなく、あなたの資産を見ている

19 医療費と介護費は大幅カットできる

第一線から降り、新しい生き方を模索していくうえで、気になるのが医療費です。老後に備え、医療費はいくら見ておけばいいのか気になるところです。

医療費は、健康保険証さえあれば、自己負担額は多くありません。

自己負担の割合は、現役世代の大人で三割、七〇歳から七四歳までは所得によって二割または三割、七五歳以上も所得によって一割または三割となっていますが、七五歳以上で二〇〇万円以上の年収がある人は、近く二割負担に増額されそうです。

医療費に関しては、前述した「高額療養費制度」があります。

七〇歳以上で年収三七〇万円以下の一般的な高齢者の場合、月額一〇〇万円もかかるような治療を受けても、支払いは月に六万円弱で済みます。

夫婦そろって大病を患い入院したとしても、同じ保険に入っていれば、「世帯合算」ができますので、医療費は一人分のままで抑えられます。案外、ばかにならない薬代は、次の方法で抑えることができます。

薬代を安く抑える方法

- 「薬局」で市販薬を買うよりも病院に行く＝医師の診療を受け薬を処方してもらえば、保険が適用になり自己負担額が抑制できる。薬代が高額になった場合も「高額療養費制度」が適用される。
- 処方箋で出してもらう薬は病院内の薬局で受け取る＝調剤技術料が異なるので、病院内の薬局が一番安い。ただ、営業時間が過ぎると「時間外加算」になるので注意。
- ジェネリック医薬品を使う＝処方される薬をジェネリックにすれば半額以下になる。

こうしたことから考えれば、五〇代から六〇代前半のあなたは、荻原博子さんが私をモデルケースに教えてくれたように、夫婦で二〇〇〇万円程度、預貯金や退職金などの中から確保しておけば、まず大丈夫ということになります。

一方、介護は、あなたの親の介護と、あなたやあなたの配偶者が年齢を重ねて介護が必要になったケースと二つを考えなければなりません。

次の調査結果を見てください。

●生命保険文化センター「生命保険に関する全国実態調査」（二〇一八年度）

●世帯主または配偶者が要介護状態になった時に必要な総額＝三一六七万円

●世帯主または配偶者が要介護状態になった場合の初期費用＝二四二万円

これらの数字は「もし、そうなった場合、いくらかかると考えるか」という設問に対する答えの平均値です。

この調査では、実際にかかった介護費用として、月額平均で七万八〇〇〇円で、介護期間は平均四年七か月という数字も示されています。

これから算出すれば、介護を受ける人の要介護度にもよりますが、一人当たり約五〇〇万円、夫婦二人で一〇〇〇万円という見当が立ちます。

あなたの親でいえば、まだ元気なうちに、「貯金はいくらあるのか。年金を含め収入はどれくらいなのか、介護で何を望むか」など、話し合っておくことが重要です。

四〇代以降、介護保険料を支払ってきたのですから、「在宅サービス」「施設サービス」「地域密着型サービス」といった公共サービスをフル活用しましょう。

「うちは、こういう生活設計だから、ここまでしか出せない（全然出せない）」

私もそうしていますが、このようにはっきり伝えることです。中には気を悪くする親もいるかもしれませんが、一度は相互にコンセンサスを得ておくべきです。

状態が悪化した場合は、料金が安い「特養」と呼ばれる介護老人福祉施設に入る資格が得られる「要介護3」以上の認定を目指しましょう。

そして、あなたやあなたの配偶者が要介護になったときに備えて、一〇〇〇万円は確保しておきましょう。

今から「もしも」のケースを想定しておこう

20 孤独を楽しむ

新型コロナウイルスが全国で再々拡大した二〇二〇年十二月、菅義偉総理大臣の大勢での会食が問題視されたことがあります。

「感染は大勢での飲食が原因。五人以上の会食は止めるよう国民に呼びかけておきながら、総理自らが実践していないのは何事だ！」

と非難されたわけです。

実際、菅総理は、夜の会食だけでなく、朝も、総理官邸に近いホテルで連日のように誰かと食事をしています。

一国の総理である以上、専門家に会い、アドバイスに耳を傾けることは必要なことだとしても、毎日、朝も夜も人と会っている状況では、自分でじっくり思考する時間など持てない、誰かの意見に左右される、だからコロナ対策がうまくいかないのではないかと感じたものです。

「私には時間が必要なんです。『孤独』という時間がね」

政治記者として、小泉元総理からこんな言葉を聞いてきた私からみれば、ひとりでいられる時間の使い方がずいぶん違うものだと思います。

「孤独は人を賢者にする」

という言葉があります。

英語には、ネガティブな意味での孤独は、「淋しくて哀しい」といった意味を含んだＬｏｎｅｌｉｎｅｓｓ（ロンリネス）、そういう感情を含まないＳｏｌｉｔｕｄｅ（ソリチュード）という単語がありますが、人を賢者にする孤独は後者です。

私はあなたに、お金やモノへの執着から、そろそろ降りましょうという以外に、大勢の人と群れたり、特に尊敬もしていない上司の誘いに応じて宴席に出かけてしまったり、というような無意味な時間からも降りることをおすすめします。

目先の時間に追われ、刺激的な映像やネット情報に目を奪われ、同僚などに負けまいと走り続けていると、自分を見失い、自分で考え判断することを忘れがちになります。

そうすれば、判断基準が他人基準になり、いつまで経っても自分基準にはなりません。働き盛りであり、人生の岐路にも立たされている五〇代前後の私たちには、ひとりで静かに考える時間、もっと言えば、何にもしない退屈な時間が必要なのです。

先にご紹介した弘兼憲史さんは、

「一日の半分は孤独を楽しむ時間に充てています」

と述べています。元外交官で作家の佐藤優さんも、ラジオ番組や著書『「ズルさ」のすすめ』（青春出版社刊）の中で、

「僕自身、何もしない時間を大切にしています」

と語っています。

私も、ラジオ局での仕事以外に、執筆活動や大学講師をし、大学院生でもある中で、スポーツジムを孤独の時間にしてきました。そこで走る時間や往復に使うクルマという空間を、自分を見つめたり重要な判断をしたりする思考の時間に充てています。

気持ちの整理に必要なのが孤独の時間

第3章

「常識的な生き方」から降りる

21 「複眼思考」を持つ

「勝った」「負けた」の世界にしがみつく、他人を蹴落としてまで地位に恋々とする、そんな生き方はそろそろやめて、まだまだ長いこれからの人生を、会社という看板や会社での肩書がなくても自分らしく生きることができる準備をしよう……。

本書を通じ、こんなことをお伝えしている私ですが、真っ向から競争を否定しているわけではありません。

競争があるから磨かれる、せめぎ合いがあるから成長できる、という側面も多分にあるからです。

早々と競争の世界から降りる人の中には、負けを認めるのが嫌という自尊心の塊のようなタイプもいます。それは単なる「逃げ」です。

納得がいくまで競争してみる、特にまだ若いうちはとことん頑張って上を目指す、しかし、好き嫌いで判断され、上司に媚《こ》び、巧みに取り入った人たちだけが出世していく悪しき人事評価制度や、能力も体力もあるのに年齢で輪切りにされてしまう不条理に辟易《へきえき》としてきたら、ふっと抜け出せばいいと申し上げているのです。

ただ、レースから降りただけでは虚しさが残ります。

私自身、激務から解放されたあとは退屈で、権限がなくなったことで報連相（報告、連絡、相談）をしてくる部下も激減したため孤独で、

「降りなければよかったかな」

と考えたこともあります。

そんな私を救ってくれたのは、会社人生とは別の価値観、もうひとつの世界を持っているという点でした。言うなれば、複眼思考です。

おすすめしたい複眼思考とは

- 自分を評価してくれるコミュニティーを持つ。
- 私生活を満たしてくれそうなライフワークを持つ。

おすすめしたいのはこの二つです。

私の場合、前者は、学び直しのために四六歳で入学した大学院の修士課程や五二歳で籍を置いた別の大学院の博士課程です。

論文を仕上げる際には、年下の教授から酷評されたりもしますが、昨今の大学院は社会人が急増しているだけに、同業他社や他業種の友人が増え、新しい視座を持つことができたと感じています。

後者は、高校生や大学生を対象にしたボランティアでの入試・就活指導、そして、執筆活動や大学講師といったラジオ以外の仕事です。

副業については後述しますが、世話好きだった自分、意外に誰とでもすぐ打ち解けられる自分に気づけたほか、経済的にもゆとりをもたらしてくれたように思います。

そうなると、

「あいつは五つも年下なのに、早くも役員かぁ……」

など、質屋も取ってくれない、社内限定の役職なんてどうでもよくなってきます。

先に私は、「うまく負ける」「ただでは降りない」と述べましたが、複眼思考も同じです。

「事業本部長という肩書を失《な》くしても、僕には○○がある」

「プロジェクトリーダーから外されても、私には△△という楽しみがある」

このように思うことができるようになってから降りる、もしくは、降りる準備と並行して別の世界に身を置く準備を進めるというズルさは必要です。

複眼思考は将来のリスクへの保険でもあります。

私で言えば、修士以上の学位があるし大学で非常勤講師くらいはできます。著書の数が増えれば講演会の講師やシンポジウムのパネラーとしても声がかかります。

そうすれば、新型コロナウイルスなどの影響で会社の業績が悪化し、たとえば「ボーナス・ゼロ」になった場合でも生活は維持できます。

そのくせ、会社員であるという証は、何をする際にも相手から一定の信用を得る材料にはなりますので、そこはズルく使い分けていただけたらと思います。

複眼思考は何よりのリスクヘッジ

22 自分のアイデンティティと向き合う

会社員である以上、役員であれヒラ社員であれ、生殺与奪の権は他人に握られています。株主の顔色や上司の機嫌をうかがうのは身を守るためにほかなりません。

●日経BPコンサルティング「人事評価制度に関する意識調査」（二〇一八年）

●あなたはお勤め先の人事評価制度に満足していますか。

満足＝三七・七％　不満＝六二・三％

●人事評価制度に不満を感じる理由を教えてください。（複数回答）

評価基準が不明確＝六二・八％

評価者の価値観や業務経験によって評価にばらつきが出て不公平だと感じる＝四五・二％

評価結果のフィードバック、説明が不十分、もしくはそれらの仕組みがない＝二八・一％
自己評価よりも低く評価され、その理由がわからない＝二二・九％
評価結果が昇進、昇格に結びつく制度ではない＝二一・四％

同じような調査結果は、日本経済新聞社などの調査（二〇一五年）でも出ていますが、これらの調査から見えてくるのは、上司の顔色をうかがいながら頑張ったとしても、それが必ずしも評価されず、出世などに結びついていないという実態です。

この調査では、七割を超える人が「人事評価制度を見直すべき」と答えていますが、先に述べたとおり、企業の人事評価制度など一朝一夕には改まりません。

そんなことを期待していたら、四〇代後半の人は役職定年になり、役職定年世代の五五歳前後の人は定年を迎えてしまいます。

だからこそ、自分で自分のアイデンティティと向き合うことが必要なのです。

先に述べた「承認欲求」の呪縛に苦しむのは、どちらかといえば愚直に努力を重ねてきた真面目なタイプです。

そういう人が、評価されなかったり、それまでに獲得した評価や地位、周りからの期待などを失ったりすると、虚無感にさいなまれ、自己肯定感まで失ってしまうわけです。

そこで考え方を変えます。

順調に出世しているような人について、能力の有無はさておき、ズルく立ち回った人だと定義づけます。そのうえで、自分もズルく生きようと決めるのです。

「上司の意向を忖度《そんたく》しないと評価に反映されないのではないか」「周りより早く帰るとやる気がないという烙印《らくいん》を押されてしまうのではないか」

こんな意識を変え、「タコ壺」の中の「タコ」で終わらないよう、そこから降りる階段を自分のために作ってみましょう。

●降りる階段の作り方

- 「何をするのが好きなのか」「何が得意なのか」を自問自答してみる。
- 「自分は今の職場で何をやりたいのか（やりたかったのか）」を今一度、考えてみる。

私が身を置くマスメディアの世界も、ご多分に洩《も》れず「タコ壺」社会です。

そんな中で、私は、局長やさらに上の役員になって報道現場を離れるよりも、取材や調査をし、その結果を放送で直接伝えることができる立場に価値を見出しました。

競争からは降りても、会社は辞めていないわけですから、給料やボーナスは目減りしたとしても決まった日にもらえます。厚生年金保険料も会社が半分を負担してくれます。

これはフリーランスにはないメリットです。

好きなことができる可能性もあれば、それまでの実績や人脈を活用して起業や副業につなげる準備をすることもできます。

ズルい生き方に聞こえるかもしれませんが、出世組だってズルいのです。

自分が誇らしくいられるアイデンティティと向き合い、小ズルく生きて別の階段を上ればいいのです。

自分が自分らしくいられる別の場所に価値を見出そう

23 誰かと比べない

「男の嫉妬心ほど怖いものはない」

菅内閣で復興大臣に起用された平沢勝栄さんの言葉です。

五一歳で警察官僚から衆議院議員に転身し、以来、四半世紀にわたって永田町や霞が関の出世レースを目の当たりにしてきた人物ならではの実感です。

菅総理大臣とは一九九六年初当選の同期。総務大臣、官房長官、そして総理大臣と出世街道を駆け上がっていく同期を見ながら、同じ当選八回で入閣経験がなかった平沢さんの悔しさはいかばかりだったか計り知れません。

平沢さんとは長年、ラジオ番組でご一緒させていただきましたが、ずっとヒラの状態が続いたときも、拉致問題や外国人労働者受け入れ問題などに取り組み、警察庁出身というキャリアを活かした活動を続けてきた点は評価できます。

「うらやましさを捨てること。そのためには誰かと比べないこと」

これが、平沢さんが私に語った「出世できない男」、あるいは、「出世を目指さない男」のキーワードでした。これは女性にも当てはまる言葉ではないでしょうか。

「嫉妬とはつねに他人との比較においてであり、比較がないところに嫉妬はない」

十六世紀から十七世紀初頭のイギリスの哲学者、フランシス・ベーコンが語るように、誰かと比べなければ、嫉妬もうらやみもなくなります。

振り返ってみれば、私たちは、ずっとこの年まで誰かと比較しながら生きてきました。

「人よりいい大学に入る」
「人よりいい会社に入る」
「人より幸せな結婚をする」
「人より高いクルマに乗る」
「人より高収入を得る」
「人より上の地位に就く」

今や、自分の子どもにまで「人よりいい学校に」などという思いで接しています。このままいけば、「人より高級な老人ホームに入る」が最大の目標になってしまいます。

自分より下の相手には優越感を抱き、上の人には嫉妬する、上の人が転げ落ちれば心の中で大喜びをする……こんな腹黒さからはそろそろ脱皮すべき年齢です。

実際、うらやましいという気持ちから解放されると楽になります。

「自分にとって幸せかどうか（楽しいかどうか、やりがいがあるかどうか）」が物事を判断する物差しになるからです。

「うまくやるやつはいるものだ」

「上には上がいるものだ」

こんなふうに考えられるようになることこそ人間的な成熟の証です。

もちろん、出世したり評価されたりする方がお金は入ってきます。

しかし、そこまで稼がなくても、自分がやりたいと思う仕事をし、結果としてお金が入ってくればいいと達観していた方が、年相応の心のゆとりが生まれるように感じます。

うらやむのをやめると心にゆとりが生まれる

24 死んだふりをする

職場で死んだふりをするのも、ひとつの生き方です。

横溝正史さんの推理小説に登場する私立探偵、「金田一耕助」は、ボサボサ髪で風采が上がらないタイプなのに、実は頭脳明晰《めいせき》。

他のドラマや映画でも、職場では冴《さ》えないオヤジやオバサンなのに、本当の顔はすごい〇〇……といった設定がよくありますね。

これらの姿は、優等生社員から降りるヒントになります。

出世レースで敗れ要職から外された、いつまでも競争するのが嫌で自分から降りた、もしくは役職定年や定年というルールによってヒラ社員扱いや嘱託扱いになった、これらいずれの場合でも、職場でコツコツ働くというのが優等生社員かもしれません。

しかし、どんな人でも大なり小なり、これまでの地位から降りると、それまでの自分との折り合いのつけ方に苦労します。

そうならないための処方箋が死んだふりなのです。

そのためには、何でも構いませんから、これからの自分軸は見つけておくべきでしょう。

「僕は資格を取って起業の準備をする」

「私は語学を学び直して海外で生活する」

といった類のものです。

私は、執筆であれ、講演であれ、メッセージの発信者であり続ける、そして大学で次代を担う若者に教えるというのが自分軸です。

それが大まかにでも見えてくれば、その時点で競争心というものに始末をつけて山から下り、職場で死んだふりができるようになります。

「鈴木さん、課長じゃなくなってからパッとしなくなったな」

「田中さん、役職定年を迎えたせいか、覇気がなくなったわね」

すっかり「終わった人」扱いをされ、こんな声が耳に入ってきたとしても、やりたいことが見えて、少しでも実行に移せていれば、平然とスルーすることができます。

●職場で死んだふりをする方法

- 自分に任された仕事はきちんとこなす＝会社員としての責務は果たす。
- 得意分野で勝負する＝苦手分野はピンチを招くので率先して引き受けたりしない。
- 承認を求めない＝承認されたとしても再浮上の目がないなら、ＳＮＳのような「いいね！」を求めない。第一、周りの評価を気にする年齢ではない。
- 自分の時間を天引きする＝会社にも家族にも拘束されない自分だけの時間を最初に確保しておく。自分の時間が減るような残業や宴席は避ける。

私の職場の同僚らに言わせれば、「そうは見えない」と言われるかもしれませんが、私も会社では死んだふりをしています。

専門分野以外は手を出さない、凡庸な上司や伸び悩む後輩にイライラしない、仕事は七割の力でこなし三割の力は温存して帰宅する、このあたりがコツです。

気力と体力の温存が、「終わった人」にならないコツ

25 もうひとりの自分作りを始める

そうは言っても、肝心の自分軸を見つけられないといった人もいるかと思います。それはそれほど難しくはありません。

●自分軸を発見する方法

- ●得意なことは何かを知る。
- ●好きなことは何かを知る。
- ●本当にやりたかったことは何かを知る。
- ●これまでのキャリアや人脈で何が（誰が）活かせるかを知る。

これまでにも少し触れてきましたが、この四点で十分です。

精神科医で映画監督の和田秀樹さんは、自宅へ遊びに行くたびに、「自分の長所を大事にし、自分の好きなこと、得意なことを磨くと、自分の『強み』になるんだよね」

などと語ってくれます。この話、和田さんは、著書『短所は見るな 長所を伸ばせ』(ディスカヴァーebook選書)などの中でも繰り返し述べています。

考えてみれば、和田さんが映画監督になったのは、映画が好きで撮ることに憧れたからです。受験本や勉強法の本を出してきたのは、東大受験などの経験から、要領よく勉強するのが得意だったからです。

得意なこと、好きなことは成功へのタネになります。

私は、小中学生の頃から、担任教師や同級生から「文章を書くのが得意だね」「人前で話すのが上手だね」と言われ続けてきました。また、誰かに頼むのではなく、自分で発表することが好きでもありました。

それをそのまま職業にしたのが、報道記者やキャスターの仕事です。また、「このまま頑張っても将来はたかが知れている」

と感じ、職場での不毛な競争から降りて、執筆や講演、大学の教員などをしているのも、「文章を書く」「人前で話す」という得意で好きなことを活かしてきた結果です。

和田さんで言えば、映画作品に医療ネタが多いのは、医師としての知識や人脈を活用してきたからで、私の著書に政治や子育て本が多いのも、記者として取材を重ね、すぐ話が聞ける専門家を数多く知っているというだけのことです。

成功のタネは、これまで社会人として生きてきた歩みの中に落ちています。

お金に強い銀行員には銀行員の、地域に密着した公務員には公務員の歩みの中に、セカンドライフ、セカンドキャリアを切り拓《ひら》くタネが必ずあります。

あとは、五〇歳なら五五歳、六〇歳なら六五歳など、ひとまず五年後を視野に、どのような自分でいたいか、どの程度の暮らしをしていたいか、家族の状況と合わせながら想定しておけば大丈夫です。これに関しては次の項で説明します。

非凡な才能など必要ない、得意なこと、好きなことを活かせ！

26 五年後の未来から逆算する

大学で「キャリアデザイン」などの科目を担当する際、私は学生に向かって、「十年後にどうなっていたいか、なりたい自分を想定しながら今を生きなさい」と伝えています。

しかし、私たち五〇代前後の人間には、そこまでの時間的な余裕はありませんから、五年後の自分を想定します。

将来、ありたい姿、あるいは、あるべき姿から今を考える思考法を「バックキャスティング」と言います。

逆に、現状からどんな改善ができるかを考える方法が「フォアキャスティング」、あるいは、STPDサイクル（See＝見る、Think＝分析する、Plan＝計画を立てる、Do＝実行する）と呼ばれる手法です。

「バックキャスティング」はその逆で、思い描いた未来から逆算し、それを実現するには、これから何をすればいいのかを導き出す手法です。
トヨタ自動車などの大手企業でもこの手法を採り入れるところが増えています。

●バックキャスティングの事例

●未来＝五年後は、キャリアを活かしてどこかの会社の「顧問」になりたい。

←

●現状＝自分の得意なこと、好きなことで社会貢献できるものはないか考える。

←

●行動＝これまでのキャリアでは不足している部分があるため、専門知識をさらに強化し、法制度にも詳しくなっておく。資格が必要であれば取得する。

←

●準備＝パソナやサーキュレーションなど人材派遣会社が実施している「顧問人材バンク」に登録し、並行して人脈を介し、「顧問」を募集しているところを探す。

例に挙げた「顧問」という仕事は、会社が抱える課題解決のエキスパートとして需要が高まっています。狭き門ですし、雇用形態によって待遇はまちまちですが、新商品開発の実績や海外勤務の経験など、あなたのキャリアが「売り」になります。

私の知人には「土日に執筆する『週末作家』になる」と決めた公務員がいます。

定年退職後に、友人が運営しているＮＰＯ法人に参加し、週末は街の活性化や地域の特産品ＰＲにたずさわってきた経験などを原稿にまとめ書籍化しようとしています。

そのために、彼は希望降格制度を利用して管理職から降りました。そして、公務員としての仕事はソツなくこなしながら、その仕事を通じて数冊書ける材料を集めています。

これでいいのだと思います。なりたい自分とそれに向けた行動指針が見えてくれば、職場での日々は、それ自体が学びや研鑽《けんさん》の時間になります。

「つまらない」と思っていた仕事ですら、これからの自分にプラスになると思えば有益なものに変わります。

なりたい自分があれば、会社生活を準備期間にできる

27 学び直しをする

二〇一七年九月、当時の安倍総理大臣は、自身が立ち上げた「人生一〇〇年時代構想会議」の初会合で、

「人生一〇〇年時代を見据えた人づくり革命は、安倍内閣が目指す一億総活躍社会をつくり上げるうえでの本丸です」

と語りました。意欲のある人たちの学び直しを国が支援し、いくつになっても活躍できる基盤を作るというわけです。

この学び直しがリカレントです。

リカレントとは、「反復、循環、回帰」を意味する言葉で、リカレント教育とは、社会人になってから再び学び直すという意味で使われます。

しばしば耳にする「生涯教育」が人生を豊かにすることを主眼に置いているのに対して、

リカレント教育には、社会人が新しい知識やスキルを習得し、それをキャリアアップや転職につなげていくという狙いが込められています。

私は、新型コロナウイルスの感染拡大で、テレワークや社外勤務を余儀なくされているような時代こそ、学び直しのチャンスだと思っています。

テレワークの時代は、成果を「見える化」しなければ評価されにくい欠点がある半面、優等生をやめ、自分の時間を増やしていたとしても「見えない化」ができます。

だとすれば、あなたも、資格を取る、修士の学位を得る、語学のスコアをアップさせる、ＩＴの技能を高めるなど、挑戦してみてはいかがでしょうか。

私などは、職場からの指示がくればきちんとこなし、Ｚｏｏｍなどを使ったリモート会議にもしっかり参加しつつ、余った時間で本を一冊書き上げ、大学院の博士論文を仕上げるための材料集めもしていました。

リカレント教育の舞台は、主に大学や専門学校などの教育機関になります。

少子化で学生の確保が厳しい中、大学や専門学校は社会人に目をつけ、「社会人特別選抜」「科目等履修生」、それに「夜間部・昼夜開講制」や「オンライン聴講生」などさまざまな形で私たちを受け入れています。

私が四六歳で入学した早稲田大学の大学院は、官僚や自治体職員、NPO関係者などが多い専門職大学院でしたし、五二歳で入学した京都大学大学院の博士課程も、「社会人特別選抜」入試で合格したのが始まりでした。

二〇代から七〇代まで、年齢も職業も多様な人たちが集まり、情報交換もできますから、自分の中のよどんだ空気が一新でき、違う業種への引きも得られたりします。

気になるのは費用面ですが、大学では給付型奨学金が用意されています。雇用保険に加入している人であれば、「教育訓練給付制度」が利用でき、厚生労働大臣が指定する講座を受講した場合、入学料と受講料（最大1年分）の合計の二〇％が戻ってきます。

より専門的な技術を身に付けたいなら「専門実践教育訓練給付金」があります。これも厚生労働大臣が指定する講座が対象で、資格の取得にかかったコストや専門職大学院の学費など費用の五〇％、それを活かして職に就いた場合は最大で七〇％が戻ってきます。

学び直せば、頭も心もリフレッシュされる

28 社内に味方を作る

この先も出世を望むなら、社内で権限を持っている人物の中で味方を作ることが重要になります。

「このプロジェクトを担当したい」

こんな場合も同じです。あなたを引っ張り上げてくれるのもチャンスを与えてくれるのは直属の上司だからです。

ただ、部下は基本的に上司を選べませんので、たまたま、ソリが合わない人物が直属の上司になってしまった場合に備え、さらに上の役職者の中に、あなたのことを理解してくれている味方が必要です。

逆に、社内の競争から降りる場合、あるいは降ろされた場合も社内に味方は不可欠です。ひとつは、再び浮上する可能性を残すためです。

たとえば、各省庁でひとりずつしか存在しない事務次官という事務方トップのポストは、一年間というのが通例です。なぜなら、一期下の人材が控えているからです。

ところが、ごくたまに、二年間務める事務次官がいます。これは上司にあたる大臣や政府首脳の中に、その人の能力を高く評価したり、その人の存在を「都合がいい」と考えたりする人がいるためです。

どのような職場にも、「あの人は役職定年だったのに延長された」「一度、片道切符で関連会社に飛ばされたのに本社に復帰できた」という人事制度の例外はあります。

もし、あなたが自分から降りたのではなく、降ろされたのだとしたら、上位の役職者に強い味方がいれば復活の目はあります。

私のように自ら降りた場合でも、役員や近く役員になりそうな人の中に理解者がいれば、希望を聞いてくれたり、自由な行動を黙認してくれたりします。

「君を絶望させた制度を変えるから、また一緒にやらないか?」

と誘ってくれる可能性もあります。

したがって、直属の上司やその上の役職者がたとえ年下であっても、最低限、敵に回さない配慮や忍耐、そして一定の妥協は必要になります。

●エン・ジャパンが運営する転職サイト「ミドルの転職」調査（二〇一八年）

●今まで上司が年下や女性だったことはありますか？（四〇歳以上の回答割合）
どちらもある＝三四％　年下上司だったことがある＝三三％

●その際の上司との関係はどうでしたか？（同）
やりにくかった＝十五％　人による＝五三％

成果主義が拡がる職場環境では、後輩が上司になる可能性は増え、やりにくさを感じることも間々あるはず。

とはいえ、正面からぶつかることは避けましょう。何を言っても序列に変化はありません。抵抗することにエネルギーを使うなら味方に引き入れる努力をした方が得です。

勝てない敵は味方にする

29 異性の理解者を作る

職場で自分の立場や自分への評価と折り合いをつけながら、もうひとりの自分作りを始めるには、職場内で異性の理解者がいると便利です。

確固たるエビデンスはありませんが、同性同士は、互いをけん制したり張り合ったりする傾向が強い実感があります。

その点、異性の同僚やスタッフは、同性に対してよりも競争心が少なく、素直に話ができたり物事を頼めたりします。

私は、ワイド番組を立ち上げたり特別番組制作の準備に入ったりするとき、傍らには必ず気心が知れた女性のディレクターを置いてきました。

職場での男女の能力差はないとしても、女性の方が概して仕事が丁寧で、周りのスタッフへの気配りができるという実感と、同年代の男性には話せない弱みや個人の話も、特に競争関係にない女性には話しやすいという部分もあるでしょうか。

また、女性派遣社員なども大事にするようにしています。

パソコン操作に秀でていたり、備品のありかを熟知していたり、あるいは、トレンドに敏感だったりと、私にはない武器を持っているからです。

日頃からそういう人たちと良好な人間関係を築いておけば、

「今日、お嬢さんの誕生日なんでしょ？　残りは私がやっておきます」

「段ボールが二個必要なんですね？　私、持ってきます」

このように何かと助けられることが多いのです。

あなたが女性の場合、ライバル心を燃やす男性の部下は扱いにくいというケースがあるかもしれませんが、若い男性社員やスタッフを味方にしておくと便利です。

五〇代あたりになれば、どんな仕事にも真摯に向き合っていると疲れが残ります。その点、異性に手伝ってもらえば仕事が早く終わります。そうすれば、気力と体力が温存でき、自分に投資する時間も増えますから、今の職場以外でひと花咲かせる可能性が膨らみます。

経験則上、異性を味方にするには次の要素が求められます。

●デール・カーネギー「人に好かれる六原則」

● 誠実な関心を寄せる／笑顔で接する／名前を呼ぶ／聞き手に回る／相手の関心を見抜き話題にする／重要感を与える

これは、アメリカの実業家、デール・カーネギーが、著書『How to Win Friends and Influence People』（＝訳書『人を動かす』創元社刊）の中で唱えている原則で、私もアメリカ留学中、ニューヨークのデール・カーネギー専門学校で教え込まれたものです。

これら六つの要素はいずれも、異性を味方に引き入れるために不可欠な要素だと感じます。

「笑顔は一ドルの元手もかからないが、一〇〇〇万ドルの価値を生み出す」

同性とけん制し合うなら異性の理解者を増やし、余計な負担を軽減しましょう。

↓ 異性の味方が増えると楽ができる

30 会社にいながらFA宣言してみる

優等生社員をやめてＦＡ（フリーエージェント）宣言してみる手もあります。

ＦＡと言えば、プロ野球が有名ですね。

プロ野球の場合、規定の年数が経過し資格を満たした選手が他の球団に評価してもらい、自分を高く買ってくれる球団と契約するというものですが、本来、ＦＡとは組織に縛られない働き方を指します。

プロ野球なら契約するのは一球団だけですが、私たちの場合は契約先がひとつとは限りません。何歳からでもＦＡできる権利を持っていますし、宣言するのは、転職先を見つけてから事後報告でよい点もプロ野球選手より恵まれています。

会社員の場合、これから老後までの選択肢として、雇用延長という手がありますが、ウィズコロナ、アフターコロナの不安定な時代、ひとつの会社に依存するのはリスクです。

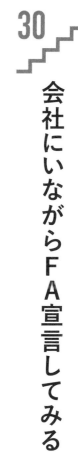

かけがえのない人生の手綱を、最後まで会社に預けてしまうと閑職に回される、会社の都合でリストラされる、長く担当してきた仕事が縮小される、会社自体が他社に吸収合併されるといった憂き目を見ないとも限りません。

そこでFA宣言するのです。ここでは会社にいながらできる方法を列記します。

FA宣言の種類

●SNSやブログ、口コミで宣言する

私が実際に採っている方法。「時間ができたこと」「これからやってみたいこと」「これまでの実績からできること」を明示する。そうすると外部からさまざまな形のオファーが舞い込むようになる。ある程度、何かの分野で実績がある人向き。

●エグゼクティブサーチや顧問募集サイト、講演講師募集サイトに登録する

職場にばれることなく水面下で動けるのがメリット。ただ、手に職がある人は別だが、私が試しにやってみた限りでは、求人はあったとしても、自分が思ったほどの年収（客観的評価）にはならない。

実務家として大学教員を目指すなら、大学教員公募サイトをチェックして応募するのが近道だが、「修士」以上の学位は必要。

●正社員から業務委託に切り替える

高齢者雇用安定法の改正で、政府は企業側に業務委託契約制度の導入を推奨している。クリエイターやITエンジニアなどスペシャリスト系の業種であれば、「正社員→業務委託」が可能かどうか人事に聞く方法もあり。

タニタやリクルートなどはこの制度を導入している。もし切り替えられれば個人事業主になるので、労働時間は自由。他者からのオファーも引き受けることができる。

制度がある会社に勤務している人限定。

●自宅をオフィスにして開業する

顧客データの活用、営業戦略の企画立案、地域活性化策の構築、赤字企業の再建、部下のマネジメントなど、これまで培ってきたスキルを活かし、個人コンサルタントとしての仕事を始める。

中国語や韓国語などの語学力、あるいは文章力などがあれば、SNSや口コミで生徒を自宅に集め語学教室を開いたり、大学の総合型選抜入試（旧ＡＯ入試）専門塾を作ったりする。自宅を使える人向き。

これらのうち、勤務先に制度がない「業務委託」以外は実行してみました。どれもそれほど難しくなく、コストもあまりかけることなくできます。

「大企業の偉い人ならともかく、中小企業の人間にできるでしょうか？」

講演会ではこんな質問を受けますが、大企業に勤務していた人は会社名が武器になる半面、人間関係が企業内に限られ、工程の一部分しか担当していない人もいます。

その点、中小企業出身者は社外人脈が多く、工程全体に詳しく、何より日本の会社の九割を占める中小企業の気持ちがわかる強みもあります。

ＦＡ宣言は誰でもできますので、まずは試しに、会社をやめなくても済む方法でやってみてください。

私たちはいつでもＦＡ宣言できる

31 「ひとり社長」を目指す

会社にいながらFA宣言するのはもっともリスクが少なく、自分らしさを発揮できる方法です。個人事業主的な活動をしながら、「いける！」と判断したら、独立して法人化し、「ひとり社長」を目指すこともできます。

近年、特定の組織に属さず、自らの持つ技術や技能、スキルをよりどころに個人で活動する、いわゆる「フリーランス」という形態での起業が注目されています。

中小企業庁の調べでは、会社や組織に所属せず、クライアントから直接報酬を得るフリーランスという形での起業家が半数近くを占め、会社やNPOを立ち上げたり、私のように会社で勤務しながら副業として起業する人を上回っています。

また、その年齢も、男性の場合、五〇代と六〇代で半数近く、女性でも五〇代と六〇代のミドル・シニア層で三割近くに達し、今から始めても遅くないことがわかります。

●中小企業庁「中小企業白書二〇二〇年版」

●起業家の内訳

・フリーランス起業家　四六・二％

・副業起業家　八・三％

・フリーランス、副業起業家以外の起業家　四五・五％

●フリーランス起業家の年齢構成

・六〇代　男性＝十六・四％　女性＝　四・六％

・五〇代　男性＝三〇・八％　女性＝二二・八％

・四〇代　男性＝三〇・二％　女性＝三一・六％

・三〇代　男性＝十八・九％　女性＝三二・三％

・二〇代　男性＝　三・七％　女性＝　八・七％

フリーランスと聞けば、「若い人たちの専売特許」のようなイメージがありますが、実際には、技術、スキル、経験を蓄えたミドル・シニア層が多いのです。

もちろん、個人事業主より会社などの形で法人化したほうが信用度は増します。スタートアップには開業資金がかかりますし、諸手続きや経営者になるための知識も必要になりますが、いざ転がり始めると、それまで会社で得ていた年収一〇〇〇万円が「退職→独立起業」で半分になったとしても、可処分所得は増えたりします。

源泉徴収で課税・天引きされる前に、必要経費（パソコン関連費、郵送費、自宅家賃の一部、仕事につながる飲食費、書籍・新聞購入代、名刺・HP制作費など）が使えるため、税負担や社会保険料の自己負担が抑えられるからです。

法人化すれば、たとえ一万石の規模であっても「一国一城の主《あるじ》」感を味わえますし、店舗を持たないなどの工夫を施せば、ランニングコストも抑制できます。

ただ、それよりもフリーランスや副業での起業は簡単にできます。競争から降り、職場でひまになった時間は、そのための計画を練る時間に充てましょう。

↓ あなたの専門性が生きがいとお金になりそうならGO！

32 定年がない副業を始めてみる

「清水さんは、会社員でありながら副業ができていいね。こっちはオファーが来なくなったら無職だからね」

タレントの大竹まことさんに何度か言われた言葉です。テレビやラジオで引っ張りだこのタレントでも「フリーランスは怖い」のだそうです。

先の項では、フリーランスの起業が増えているという話をしましたが、そこまで踏み切れない人は副業での起業をおすすめします。

ただ、私は、執筆も講演も大学講師も副業と思ったことは一度もありません。

自分らしさを発揮できる機会ととらえ、ラジオの仕事と同等か、それ以上に力を入れ、「もうひとつの本業」と考えて取り組んでいます。

私は副業を、報酬の支払われ方によって二つに分類しています。

副業の種類

- 時間労働型＝コンビニエンスストアやファミリーレストランの店員、塾講師、大学の非常勤講師など時給計算で報酬が支払われるもの。
- 成果報酬型＝コンサルティング、プログラミング、執筆、デザインなど、技術やスキルを活かして関わった案件の成果として報酬が支払われるもの。

報酬の多寡から言えば、成果報酬型のほうが多くなりますが、前述したように「得意なこと」や「好きなこと」、もしくは「いつかやってみたいと思っていたこと」をベースに、あなたのキャリアや志向性に合わせてやってみればいいと思います。

たいした才能もないのに、私が執筆や講演に力を入れているのは、これらの条件がそろっていることと、作家にも講師にも定年がないからです。

成果報酬型の副業は、ほとんどが定年というものがないので、需要があり、続けたいと思えば、六五歳、七〇歳になっても継続できる魅力があります。

大半の企業で禁止されてきた副業は、働き方改革や人生一〇〇年時代が叫ばれるようになってから追い風が吹き始めています。

私も、執筆を本格化させた四〇代前半の頃は、ステルス戦闘機のように「見えない化」に腐心してきましたが、今はずいぶん環境が変わりました。

厚生労働省は、二〇一八年一月から「モデル就業規則」を改定し、働き方改革の一環として「許可なく他の会社等の業務に従事しないこと」の規定を削除しました。

さらに、副業・兼業に関する規定を設けたことで、この年は「副業元年」と呼ばれる新たな時代の幕開けとなりました。

副業には、長時間労働による疲労、貴重な人材の流出、社外秘の漏えいといった懸念もつきまといますが、許可されている会社なら新たなキャリア形成になります。

「会社にマイナスとなるような副業はしない」

「本業に支障をきたさない」

など遵守したうえで、「もうひとつの本業」として始めてみるのはいかがでしょうか。

「好き」や「得意」が活かせるもうひとつの本業を

33 副業で社外に味方を作る

副業の魅力としては、自分らしさが発揮できる、会社からの給料やボーナス以外に収入が得られるなどのほかに、社外に味方ができる点も挙げられます。

私を例に話しますね。

私が「もうひとつの本業」として選んだ執筆業は、頑張って一冊の本を書き上げ、全国の書店に並べば、その分野を極めた証になり、年功序列や社内での駆け引きで手に入れた部長ポストなどよりはるかに対外的にインパクトがあります。

出版不況で、初版の部数が抑えられ、本自体も、新型コロナウイルスの感染拡大以降、書店に行く人が減って売れない時代ですが、一冊出せば、新聞や雑誌などから寄稿のオファーや取材依頼が舞い込むようになり、講演のオファーも増えます。

テーマによっては、ネット書店で火がつきますし、テレビ局から出演の声がかかったりもします。

講演は、一回でまずまずの報酬が期待できるほか、自分の考えを強く訴える機会としては最高の舞台です。自分の話し方が受けているかどうか、ライブ感覚で把握できる学びの場でもあります。

大学での非常勤講師は、九〇分ひとコマあたり一万数千円の報酬です。

授業の準備や定期試験の採点、大学を往復する時間など、報酬には換算されない時間を含めると、コスパ的には悪い仕事ですが、教授会で認定された大学教員の肩書は、対外的には大きな信用につながります。

このように、執筆、講演、大学講師のいずれも私にはありがたい仕事なのですが、最大の魅力は、

「社外に知人が増える」
「社外の知見に触れることができる」
「さらには社外に味方を作ることができる」

という点です。

執筆業を続けていると、出版社の編集者と知り合いになります。出版社で売れ筋の週刊誌を持っているところであれば、事前に情報が得られたりします。

私の場合は、前述した和田秀樹さんや『頭がいい人、悪い人の話し方』（ＰＨＰ研究所刊）で知られる樋口裕一さんらがそうですが、同じ出版社の同じレーベルから出版している著名人に、編集者を介して連絡を取ってもらい、番組にお招きして仲良くなれたりします。

講演で言えば、たとえば、岐阜県中津川市で講演すると、聴講者の中に近隣の下呂《げろ》市や可児《かに》市の方がいて、翌年以降、そちらからも声がかかるようになります。

講演にお邪魔する先々で主催者とは名刺交換をしますので、自然災害が起きた際など、その方に電話をつなぎ現況を番組で語ってもらえたりもします。

大学講師も、大学教授や准教授と話す機会が増え、その人の知見から学んだり、その人の紹介で別の大学から呼ばれたりするというメリットがあります。

社外で拡げた人脈は、職場の同僚とは異なり利害関係が絡んでいませんので、ピュアにあなたを評価し、協力もしてくれます。

社外にこうした味方が増えると、第一線からは降りても、

「ラジオ報道の取材は続ける↓それを書籍化する↓講演依頼が来る」

「大学で教える↓大学で新たな知識や知人を得る↓ラジオ番組に出演してもらう」

などといった理想的なサイクルを作りやすくなります。

ただ、執筆、講演、大学講師で言えば、簡単には本は出ない、講師募集サイトに登録してもなかなかオファーが来ない、大学講師も競争率が高いというデメリットもあります。

そのため、軌道に乗せるまでには数年を要しましたが、職場で不毛な出世競争に明け暮れているよりは、はるかに未来があり、職場という小さな水槽の中で泳いでいるだけでは見られなかった世界を見ることができたと思っています。

もうひとつ副業について言うなら、会社に籍を置き、金銭的に安定した状態で副業をするのであれば、お金になる仕事よりも、あなたの専門性を高めてくれたり、認知度をアップさせてくれたりするような仕事を選びましょう。

↓社外の味方はあなたをバージョンアップさせてくれる

第4章

「いい人」から降りる

34 自分ファーストに切り替える

四〇代後半、少なくとも五〇代になったら、「いい人」から降りることです。

自ら率先して動く、嫌な仕事でも進んで引き受ける、部下の失敗には責任を取る、自分より周りの意見を尊重する、何が起きても動じることなく冷静な判断を下せる……という人は周りから見て立派な人に映ります。

日本人は、自分のことより他人を優先する自己犠牲的な姿勢を美徳としがちだからです。

「タコ壺」社会では、周りは残業をしているのに、自分の仕事が終わったからといって定時で席を立つような人は評価されにくい風土があります。

「彼はジコチュー」

「彼女は空気が読めない」

などと批判されたりもします。

しかし、これからも続く長い現役生活を考えたとき、そろそろ自分ファーストにシフトしてもいいのではないかと思います。

「タコ壺」から抜け出すには、自分本位で生きるしか手段がないからです。

すべての人が、とは言いませんが、経営陣や直属の上司に媚び、上手に会社の中を泳ぎ出世している人たちだって十分にジコチューです。

「無能なのに出世した」

という部下たちの冷ややかな視線に気づかず、権力を手に入れたことに満足していること自体、空気を読めてないと言えるかもしれません。

だとすれば、あなたも、いい人から降りる有資格者です。

私がチーフプロデューサーとして報道ワイド番組を率いていた頃、私の誕生日にスタッフ全員が、スタジオの前で誕生会を開いてくれたことがあります。

私が知らないところで、女性のディレクターがケーキを買い、他のスタッフが飲み物や花を用意し、サプライズを演出してくれたわけです。

「すごく人望がありますね」

その光景を見ていた他ワイドのプロデューサーにこう言われたものですが、振り返ると、そういうふうに誕生会を開いてくれたのは、忙しいときでも後輩の相談に乗るなど、私がいい人を演じていたからではないかと思うのです。

いい人かどうかは他人が判断するものです。

手伝うのを怠ったり、「忙しいから」と相談に乗るのを後回しにしたり、「自分には不向き」と感じた仕事を断ったりすると、たちどころに評価は変わります。

そういうあやふやなものにしがみつこうとせず、自分ファーストに切り替えられれば気分的に楽になります。

もちろん、困っている仲間を助けることは人として当然ですし、嫌われないように自分を演出することも会社という組織の中にいる以上、ある程度は必要です。

とはいえ、どんなに周りからいい人に見られていても、自分らしさが失われていたり、つまらない思いをしていたりすれば元も子もありません。

以前、『嫌われる勇気―自己啓発の源流「アドラー」の教え』（ダイヤモンド社刊）という書籍が大ヒットしたことがありますね。

アドラー心理学に基づく本で、すべての悩みの原因は対人関係にあるとしたうえで、その悩みの解決方法が「嫌われる勇気」であると説いています。

私も、嫌われる勇気を持つこと、もっと言えば、いい人であり続けることから降りる気持ちを持つことは大事なことだと感じています。

「こちらから手を差し伸べることはやめて、助けを求めてきたらヘルプする」

「相談事には、時間が空いたときに対面やＬＩＮＥで乗る」

「専門分野以外の仕事は極力引き受けず、適任者を推薦する」

メインは自分、他人はサブという考え方に変えてから、余計なストレスが激減しました。

そのことによって、いい人でなくなったかどうかは他人が判断するとして、やりたいことに打ち込める気力と時間は確実に増えたと感じています。

周りがどう見ているか、ではなく、あなたがどうであるかが大切

35 正義感を捨てる

正義感を捨てることも大切です。強烈な正義感を発揮してしまうと疲れるからです。

ラジオの生放送を終えると、聴取者から何本も抗議の電話を受けることがあります。

番組内で、政府の成長戦略を評価すれば、

「コロナ対策の失敗はどうなんだ？　お前の意見は局の意見か？」

逆に、野党の政策を評価すれば、

「あんたは左翼か？　おたくのような局を『マスゴミ』って言うんだ」

と言われたりします。

私が「取材に基づいて公平な報道を心がけています」などと言おうものなら、さらにむきになって反論してきます。

こちらの誤報を指摘いただけるのであればありがたいのですが、言いがかりや揚げ足を取ってくる相手とは、いくら時間をかけて対応しても平行線をたどるだけです。

相手からすれば、「今の政府はとんでもない」「現在の野党はあまりにひどい」という考え方が正義。一方の私は、取材で得た証言をもとに見解を述べることが正義です。到底、交わりません。

相手にするだけ時間と労力の無駄と悟った私は、同僚のディレクター陣にも、

「ご意見、ありがたく承りました。引き続きよろしくお願いします」

と下手に出て言い争わないよう伝え、難癖をつけてくる聴取者からの電話は早めに切る形に変えました。

上層部とのやりとりも同じです。

「こんな時代遅れの企画、ヒットするわけがない」

と思ってしまう策を示された場合、正面から意見を言えば心証を害します。四〇歳あたりまでは、その欠点をぐうの音も出ないほど指摘していたものですが、今は、

「局長がどうしてもとおっしゃるならやってみましょう」

と二つ返事で引き受けるか、専門分野でなければはっきり断るようにしています。

そうすると無駄なエネルギーを使わずに済みます。

即座に断れば心証は悪くなりますが、すでに不毛な競争から降りた身です。「怖いもの知らず」の立場ですし、上層部だって、すぐに次の候補者探しに移れますから好都合というものです。

今、インターネット上は過激な意見であふれています。

ネット右翼と呼ばれる人も、新型コロナウイルスの感染拡大を受けて「自粛警察」と呼ばれるほど極端な正論を振りかざしている人たちも、著名な論客の意見を垂れ流したり狭い視野で物事を語ったりしているだけに見えます。

そういう人は職場にもいますが、意見がぶつかりそうになったら相手に合わせ、やりたいようにやらせてみましょう。うまくいけばそれでよし。失敗すれば、「それ見たことか」と、次はあなたが担当し、スマートに処理すればいいのです。

言い争う時間と労力が無駄。自分の未来のために使おう

36 失敗を引きずらない

失敗すれば真摯に反省するというのがいい人かもしれません。もちろん、失敗したら反省や謝罪は必要ですが、引きずらないことです。

博報堂DYホールディングス系ニュースベンチャー「NEWSY」が運営するしらべぇ編集部「失敗について」調査（二〇一九年）

●失敗しても引きずらない人の割合

・三〇代　男性＝二一・二％　女性＝二四・五％
・四〇代　男性＝二四・七％　女性＝二六・一％
・五〇代　男性＝二八・五％　女性＝二八・〇％
・六〇代　男性＝四四・二％　女性＝四二・八％

この調査結果を見れば、五〇代までは失敗を引きずらない人の割合は二〇％台にとどまり、六〇代になってその割合が二倍近くに増えることがわかります。

失敗を引きずらないタフさが身につくには年齢を重ねる必要があるということかもしれません。

冷静に考えれば、失敗は引きずるものではなく活かすものです。

私は五〇代からでも、そんな生き方を目指してほしいと思います。

「どうしてミスをしちゃったのだろう」

このように悩む人は真面目な人です。

私の知人の中には、失敗する＝自分のすべてがダメと考え極度に落ち込んだり、「周りはどう見ているのだろう」と、いまだに他人の視線を気にしたりする人がいます。

かといって、「次は頑張ろう」と楽観的に済ませたりせず、なぜうまくいかなかったのか、原因だけは分析しておけばいいのです。

不毛な競争から降りて、次のステージへと向かう中でも失敗は遠慮なくやってきます。

先に触れましたが、私には、執筆活動が軌道に乗るまでの数年間、二十数社に原稿を持ち込んではボツにされ続けてきた黒歴史があります。

京都大学大学院の入試では、面接官の教授陣に「斬新さのかけらもない研究計画、京大では見たことがない」と面罵《めんば》されました。合格できたのが不思議なくらいです。

大学教員への転職も、非常勤講師はさておき、教授ポストは公募で挑戦して四勝九五敗。本書が出版される頃には一〇〇敗目を喫しているかもしれません。

それでも、どこが悪かったのかを分析し、修正して次に臨めば、少しはマシになります。人生はその繰り返しなのです。

五〇代ともなると、二〇代や三〇代の頃より、体力だけでなく気力の回復も遅くなる気がしますが、失敗から次へと向かう時間をショートカットできれば、まだまだスピード感を持って成長できると思います。

ラグビーでは、「リロード（タックルなどで倒されてから起き上がるまでの時間）を早く！」と言われますが、それと同じです。

いくつになっても失敗はある。立ち上がるまでの時間を早く

37 職場での時間をダウンサイジングする

二〇一九年四月から施行された働き方改革関連法。これによって「残業時間の上限規制」「同一労働・同一賃金」などが導入され、あなたもその恩恵を受けて、「年間五日間以上の有給休暇」も取得できたことと思います。

この中には、ニュースで見聞きした「高度プロフェッショナル制度」の創設も盛り込まれ、年収一〇七五万円以上で、一定の専門知識・技能を持った職種の人は、本人の同意を条件に、労働時間規制や割増賃金支払いの対象から外れることになりました。

働き方改革の狙いは、個人の事情に合わせ多様で柔軟な働き方を可能にし、労働生産性の向上を図るというものです。

この流れは、ブラック企業的な要素があるマスメディアの世界にも押し寄せてきていますので、多くの業界で定着しつつあるのではないかと思います。

五〇代のいい年になった私たちは、この流れに乗っかってみましょう。

今は、「会社に長くいる＝頑張っている」と評価される時代ではありません。だらだら仕事をやめて、会社の中にいる時間を少なくする＝ダウンサイジングしてみませんか？

職場での時間をダウンサイジングする方法

- つき合い残業をしない

自分の仕事が終わったら、同僚や後輩が残業していても退社する。気になるなら「何かあったら電話（ＬＩＮＥ）して！」と言い残して帰る。

- 午前十時台、午後二時台にミーティングやアポイントを入れない

午前九時に出社、午後一時にランチが終了するとして、午前十時台や午後二時台は、もっとも仕事に集中しペースが加速している時間帯。その時間に集中力が切れるような邪魔な要素は入れない。

●時間の手綱はあなたが握る
「時間、ある?」と聞かれ、「いつでもいいですよ」といい顔をしてしまうと、避けたかった日時に予定を入れられてしまう恐れがある。

「○曜日の△時か、□曜日の◇時なら大丈夫です」と、あなた主導でスケジューリングすることがポイント。

●午前中に二つ(できれば三つ)仕事を終わらせる
メールの返信など小さな仕事も含めて複数の作業を終えておくと仕事に勢いが出てくる。

●苦手な分野は得意な人にお願いする
「エクセルってソフト、どう使うんだっけ?」などと悩むなら、得意にしている若い人にコーヒーでもご馳走して頼む方が早い。

●少しだけでも前に進めておく
お昼の休憩前にひと区切りついたとしても、ランチに出かけるまでに五分あるとしたら、午後やる予定の企画書の作成を、二〜三行分でも書いておく。午後、最初から書き始めるよりは想定ができているので早く済む。

●締め切りが遠い仕事を先に処理する

A（あす締め切り）、B（三日後締め切り）、C（一週間後締め切り）という三つの仕事があれば、最初にCを処理する。どのみちAは早く済ませなくてはいけないので、CとAが一気に片づき余裕が生まれる。

●月曜日～金曜日の五日間でする仕事を四日間で終える

そうすると一日ゆとりができる。その日は定時で仕事を終え、社外の有識者と会ったり、学び直しをしたり、副業をしたりと自由な時間にできる。

会社での仕事と自分を充実させるための準備、その両方に時間を割くことはできません。自分の将来を大切に考えるなら、会社の仕事は、高度プロフェッショナルになったつもりで効率よくこなしましょう。

あなたの時間の手綱はあなたが握る

38 「後輩だから」といってご馳走しない

あなたが、この先も競争の螺旋階段を上りたいのであれば、人づき合いにお金を惜しまないことです。

情報がほしい、協力してほしいというときだけいい顔をする人に、重要な情報をくれたり、惜しみない支援をしてくれたりする人なんてほとんどいません。

私も上昇志向が強かった頃は、政治家、官僚、文化人、そして有能なレポーターや目をかけている後輩のディレクターなど、東京都心のホテルや有名料理店でご馳走《ちそう》したり、食べたことがないような高級チョコレートや超人気スイーツを贈ったりしたものです。

なぜなら、チャンスは人がもたらしてくれるものだからです。

政治家や官僚は公人扱いで、「違法接待」と言われますから、会社の経費では落とせませんが、それでも身銭を切っておもてなしをすれば、

「この人は私のためにここまでやってくれた」

という思いが長く心に刻まれます。そうすれば、真っ先にあなたに最新の情報を教えてくれるようになりますから、社内外のライバルに一歩先んじることができます。

競争から降りた方でも、これからの人生を独力で切り拓くのは骨が折れます。チャンスをもたらしてくれるかもしれない社外の人たちとの交際費はケチってはいけません。

一方で、特に尊敬もしていない上司や仕事だけのつき合いの取引先などへの付け届けは一切不要です。太っ腹のところを見せようと後輩にご馳走する機会も減らしましょう。

●SMBCコンシューマーファイナンス「三〇代・四〇代の金銭感覚についての意識調査」（二〇一八年）

●部下や後輩におごってあげるとき「抵抗を感じない金額」

一〇〇〇円＝八一・八％

二〇〇〇円＝五四・五％

三〇〇〇円＝三八・〇％

四〇〇〇円＝十九・二％
五〇〇〇円＝十八・四％
六〇〇〇円＝　七・四％

私たちの世代よりも下の世代を対象にした調査ですが、五〇代あたりになれば、一万円以上、飛んでいくケースも多いかと思います。

新型コロナウイルスの感染拡大で食事会や宴席自粛が叫ばれたことを契機に、これからは、この費用を自分や自分を引き立ててくれる人に回したいものです。

夏目漱石は、名著『吾輩は猫である』の中で、「義理をかく」「人情をかく」「恥をかく」という「三かく」をできる人が、お金が貯まると間接的に語っています。

いずれもズルさを伴う行為ですから強くおすすめはしませんが、いい人にならず、ドライに割り切るところは割り切る姿勢も必要なのではないかと思います。

誰にでも「いい顔」をするのはやめよう

39 「異端」になれ

「歌舞伎」の語源は、「傾《かぶ》く」であることはよく知られています。

「かぶく」は、本来であれば、「頭を傾ける」という意味に使われますが、しだいに「奇妙な身なりをする」や「常識外れの行動をする」といった意味に使われるようになりました。

これまで、会社の中で、就業規則はもとより、そこでしか通用しない慣習も当たり前のこととして守ってきたあなたには、大いにかぶいてほしいと思っています。

「常識とは十八歳までに身につけた偏見のコレクションである」

とは、物理学者、アルベルト・アインシュタインの名言です。

「常識で考えることがいかに不合理かを肝に銘じよう。常識とは多数派の理論にすぎない」

こちらは、楽天グループを率いる三木谷浩史社長の言葉です。

古今東西を問わず、ブレイクスルーを成し遂げた人たちは皆、非常識な発想から成功へのヒントを得てきたわけです。

私たちもそろそろ、いい人や常識人から降りていいのではないかと思います。

「自分がどんな行動をとろうと、世間や周囲はその価値基準に応じた判断を下すもの。いくら周囲に気を使ってそこからはみ出さないようにしても、嫌われるときは嫌われます」

先にご紹介した作家で元外交官の佐藤優さんは、著書の中でこのように述べています。

逆を言えば、周りに迷惑をかけない限りは、自分の好きなように思い切った行動に出ても問題ないということになりますね。

私の場合、目指してそうなったわけではありませんが、同僚から見れば十分異端児です。責任があるポストを降りてから、人より早めに出社し、ほぼ定時で退社するように変えました。

そうしなければ、仕事をきちんとこなし、なおかつ、自分の世界を築くための時間が確保できないからです。

プライベートでは「時間に制約があるラジオ番組だけではメッセージを伝えきれない」と考え、執筆業、講演、大学教員と二足以上のわらじをはくようにしました。

役職定年を迎えたり、人事で冷遇されたり、あるいは自ら第一線から降りた人たちの中でも、かぶいている方だと思います。

「人の行く裏に道あり花の山　いずれを行くも散らぬ間に行け」

というフレーズがあります。

これは、「人が考えないこと」「そこまでやらないこと」を選んで頑張れば独自の世界が築ける、それに挑戦するなら早めにやりなさい、という、投資に使われる格言ですが、実に的を射たフレーズだなと感じます。

役職定年を迎えたからモチベーション低下、出世のラインから外れたから意気消沈、というのではあまりに当たり前すぎます。

失うものがないなら、お互い、いい人や常識人の仮面を脱いで、大いにかぶいてみませんか？　いつまでも若々しく、感性もみずみずしいままでいられます。

周りがどうであれ、自分らしくあるのが一番

40 好きなことに好きなだけ熱中する

考えてみれば、私たちは小学校に入学したときから今日まで、

「普通であること、常識から外れないこと」

を強いられてきた感があります。

写生大会で神社の樹木を紫のクレヨンで塗ると、先生から、

「紫はおかしいでしょ？　茶色でしょ！」

と言われ、

「大学には行かずアイドルを目指したい」

と言えば、親から、

「そんな夢みたいなこと言わないで、普通に大学に行って！」

と言われ、同調圧力に直面した経験は、あなたにもあるのではないでしょうか。

先の項で、「大いにかぶきましょう」と述べましたが、いい人や常識人から降りるのと同時に、好きなことにとことん没頭してみるのもいいのではないかと思います。

「一国一城の主になりたい」

と思えば、一〇〇万円でも二〇〇万円でも、老後資金が焦げつかない範囲の元手でチャレンジしてみるのです。

「自分の時代は終わってしまったのか。まだ自分にできることが残っているのではないか」

このように考え、六五歳で起業したのが、ケンタッキーフライドチキンで有名なカーネル・サンダースです。

安藤百福さんは、四八歳で現在の日清食品を創業し、六一歳でカップヌードルを開発しています。この話は、NHKの連続テレビ小説『まんぷく』でも有名になりましたね。

ライフネット生命を立ち上げた出口治明さんは、日本生命の部長職を経て、五八歳で退職し、六〇歳で創業しています。

歌手では、『孫』がヒットした大泉逸郎さん、『愛のままで…』でブレイクした秋元順子さん。それぞれメジャーデビューした年齢は五七歳と五八歳です。

どんな世界にも、必ず「遅咲き」と呼ばれる成功者はいます。

「今さら、自分なんて、もう遅い」

こんな言葉は禁句です。やりたいことを存分にやってみましょう。

お城めぐり、有名ラーメン店制覇、海外移住、ガーデニング、ゴルフ……。

特にメシのタネにならなくても気持ちは充実します。生活の足しにはならない、何の役に立たないものだからこそ楽しいという側面もあります。

「何事にも一万時間投入すれば、その道のプロになれる」

とは、脳科学者の茂木健一郎さんが私に語ってくれた言葉です。

一万時間は、毎日三時間かけても十年近くかかる長さですが、そこまででなくても時間をケチらず熱中し、ある程度、極められれば、心の豊かさが得られるはずです。うまくすれば本の一冊くらい書けるかもしれません。

さあ、やっと好きなことができる年齢が来た！

41 いい親から降りる

いい人から降りるという意味では、いい親から降りることもおすすめします。ここで言ういい親というのは、子どもにとって都合のいい親という意味です。

私は『頭のいい子が育つパパの習慣』（ＰＨＰ研究所刊）など「頭のいい子」シリーズが四〇万部を超えるベストセラーになり、恥ずかしながら、いい父親の見本のように言われた時期もありましたが、子どもが二〇歳になった頃を境に、その座から降りました。

子離れというよりも、子育てから自分を解放したのです。

私が教育ジャーナリストとして取材をしてきた家庭の中には、子どもの就職活動にも全面的に協力し、メガバンクに入社したあとも、子どもがノルマを達成できるよう、知人や親戚に預金をお願いして回っている父親がいます。

また、有名な中高一貫校から難関大学に入ったものの卒業論文で苦労している子どもを見て、論文の代筆をしている父親もいます。

別の家庭ですが、大手メーカーでそれなりの年収を得ている母親が、社会に出て何年にもなるひとり息子に月々のお小遣いを渡し、クルマまで買い与えているような家庭もあります。

こうした家庭の子どもはいつ自立するのでしょうか。

子どもはいつしか社会人になり、通常であれば金食い虫から脱皮し、頼もしい存在になります。やがて介護の面でも頼れる存在になってくれるはずです。

ただ、その一方で、文部科学省の「学校基本調査」(二〇一七年度)では、大学を卒業したのに就職も進学もしない、いわゆる「ニート」が大卒者の七・八%もいることがわかりました。

大学院修士課程や博士課程の修了者になると、その割合がさらに上がります。いわゆる「高学歴ニート」です。

親からすれば、何とも育て甲斐がない話になりますが、そのタネを蒔《ま》いてきたのは、ほかならぬ親自身です。

子どもが転ぶ前に手を差し伸べてきた過干渉の日々が、子どもを「ニート」化させたり「パラサイト」化させてしまったりするのだと思います。

自立しない子どもが問題なのは、半永久的に親のすねをかじり続けかねない点です。そうなれば、父親や母親の今後の人生設計にも狂いが生じます。

新型コロナウイルス感染拡大で外出自粛が求められる中、ネットフリックスで配信されて話題になった韓国ドラマ『梨泰院クラス』や『モンスター～その愛と復讐』などを見ていると、財閥の家庭に育ったとんでもない御曹司や令嬢が出てきます。

そんな子どもにしないためには、いい父親やいい母親から降りて、マイクロソフト社の創始者、ビル・ゲイツ氏やフェイスブックCEOのマーク・ザッカーバーグ氏のように、「これからは面倒をみない。財産もほとんど残さないかもしれない」と、はっきり伝えましょう。

子育てから自分を解放しよう

42 いい息子、いい娘からも降りる

少子高齢化が進む中、高齢者の介護について、「誰が、どんな形で担うのか」というのが社会問題になっています。介護離職や介護離婚といった現象も、実際、身の回りで起き始めています。

要介護者が親であれば介護者は子どもであり、夫であれば妻であるケースが一般的ですが、介護に押しつぶされる必要は全くありません。

介護の現場を取材すると、要介護者の子どもたちは、

「自分を生んで育ててくれた親だから仕方がない」

と言います。そして、自分の仕事や生活が犠牲になっても介護に取り組みます。

中には、近所の目などを気にして介護と向き合う人もいます。その結果、仕事と家事、そして育児に疲れて、生活が破綻してしまうことも少なくありません。

親子関係がうまくいっている場合ならまだしも、ぎくしゃくしている間柄もあります。親が認知症になり、こちらの言葉が理解不能となれば、コミュニケーションすら取れなくなります。それでも、

「親をずっと病院や施設に閉じ込めておくのはかわいそう」

このように思う気持ちが邪魔をして、心身の負担と金銭面での負担を両方とも抱え込んでしまうケースも散見されます。

そういう場合は、介護保険制度に則り、できる限り外部のプロに任せることです。介護のために自分の生活が犠牲になり、要介護者の親を恨んだり、社会の仕組みを批判したりするのはあまりに不健全です。

冷たいようですが、そんなことに気を病んでいるなら、プロに任せるところは任せて、自分の生活が立ち行くようにしたほうが賢明だと私は考えます。

介護の必要性は突然やってきます。

第2章でも触れたように、親が元気なうちに、

「貯金はいくらあるのか。年金を含め収入はどれくらいなのか」

「介護が必要な状態になったら何を望むか」

と聞いておけばよかったのですが、それを怠っていた私は、両親の介護がスタートしてすぐプロに任せました。いい息子であることを早々とやめたのです。

最大の理由は、こちらが「良かれ」と思って勧めていることがことごとく却下されたことと、金銭の負担問題で衝突を繰り返したからです。

介護に関しては、介護保険を利用してケアマネージャーにお願いする手があります。

また、要介護状態にある家族を二週間以上介護する場合、家族一人につき三回まで、給料の三分の二がもらえて通算九三日間まで休める休業制度もあります。

私の場合、何とか親の預貯金額や年金受給額を把握し、それを使って施設に預けることで、介護のために会社を長期間休むこともなく、家族と家計は守れたと思っています。

老親の世話を抱え込まない

43 「ねばならない」という重荷を下ろす

明治安田生活福祉研究所の調べで、役職定年を迎えた人の四割が、年収が半分未満になったことがわかりました。仕事に対するモチベーションの下落も著しいものがあります。

●明治安田生活福祉研究所「五〇代・六〇代の働き方に関する意識と実態」（二〇一八年）

●役職定年になった人の意識

・年収がほぼ同じ人
かなり下がった＝　八・〇％　やや下がった＝十六・〇％

・年収が七五〜一〇〇％未満に下がった人
かなり下がった＝十八・七％　やや下がった＝三七・三％

・年収が五〇〜七五％未満に下がった人
かなり下がった＝二四・六％　やや下がった＝三八・四％

年収の下がり具合によって、「モチベーションが下がった」と答える人の割合と度合いが増えていることがわかります。

私の職場を見ても、それまではバリバリ働いていたディレクターが、難度の高い出演交渉を嫌がったり、特番に関わることを避けたり、目に見えて劣化することがあります。チーフプロデューサーなどから降りた私も、当然ながら減収になりましたが、そういう同僚たちの姿は残念で、正直、かっこ悪いと思います。

とはいえ、この先もずっとかっこよさを求める必要はありません。

かっこよくあり続けるのはしんどいものです。背伸びが必要になりますし、見栄も張らなければならなくなります。

それでは、上を目指して張り詰めた生活を送ってきた日々と変わりませんね。

私は、ここまで述べてきたように、収入減とモチベーションの低下をにらんで、そうならないように、もうひとりの自分作り、「第二本業」に注力してきました。

しかし、必ずしも大成功を目指しているわけではありません。

私の中での大成功は、著書が売れ、テレビ局の情報・報道系番組にレギュラー出演し、大学教授に転身して次代を担う若い人たちに教えることです。

これが実現できれば、職場での私しか知らない人たちの鼻を明かすことができますし、周りから見てかっこいい生き方に映るかもしれません。

ただ、それをマスト事項にしてしまうと息苦しくなります。

人を押しのけてでも上に行く駆け引きの世界や、聴取率や営業利益といったシビアな数的目標からも解放されたのに、ほぼ同じ生活に戻ってしまうのはご免です。

「今でも本を出し、ラジオには出られて、非常勤だけど大学でも教えられているではないか。大成功を一〇〇点としたら七〇点までは来ているじゃないか」

とゆるく考えるようにしています。そして、

「頑張ってはいるのだけど、なかなかうまくいかないんだよ」

と、思ったように結果が出せないことも、訊《き》かれればそのまま答えています。

誰の目から見てもかっこいいと映る基準（バー）を自ら下げているのです。

そうすれば、「しなければならない」という重圧がないので楽になります。今、動いていることを、背景や展望も含めて多くの人に伝えるという主目的が生きがいになります。

「どこまで出世できるか」

の世界から降りたのなら、

「どこまで成功するか」

といった考え方からも降りて、生きがいや張り合いを軸にこれからを考える……かっこよくはなくても、そんな生き方を目指してみるのはいかがでしょうか。

欲をかかない生き方こそかっこいい

第5章

「無駄な人づき合い」から降りる

44 無駄な飲み会は控える

忘年会や新年会、歓送迎会などが相次ぐ十二月から四月、あなたは何回ぐらい、飲み会に顔を出しているでしょうか。

●味の素「宴会・飲み会に関する実態調査」（二〇一五年）

- ●四〇代＝六・五回
- ●五〇代＝七・四回
- ●六〇代＝六・一回

この調査では、おおむね六回から七回程度は参加していることがわかります。一年で数えれば、おそらく十回程度は参加しているのではないかと思います。

これとは別に、リクルートライフスタイルの調査では、この世代は男女を問わず、飲み会をコミュニケーションの場などとしてポジティブにとらえており、それなりに宴席を有意義なものにできているという傾向も明らかになっています。

ただ、二〇二〇年以降は、新型コロナウイルスの感染拡大で、飲食店の営業時間短縮や大人数での宴席はＮＧという呼びかけもあって、ずいぶん様変わりしました。

これを契機に、職場の人間だけでの飲み会は、できるだけ控えるようにしてみてはいかがでしょうか。

第一、坂の上の雲をつかもうと必死で上を目指すことから降りれば、もう飲み屋で会社への不満や上司の悪口を言い合う必要はありません。

お酒を飲んだ勢いで職場の改革について声高に語ったところで、ひとりや二人の力ではどうにもならないことは身に染みて理解しているはずですから時間の無駄です。

第二に、いい年をした大人が宴席に顔を出せば、多めに出費をすることになりますから出ていくお金が増えます。

先に「後輩だから」といってご馳走しないと述べましたが、私も報道ワイド番組のチーフプロデューサー時代、若いスタッフを、年に何度も飲み会に連れて行き、年間二〇万円弱は自腹で支払ってきました。もはやこの出費も必要がないものです。

飲み会で気心が知れるようになれば、協力してもらえる度合いが増え、いいこともあるのですが、あなたのこれからの人生で必要になるのは、愚痴をこぼし合ったり上司の悪口を言い合ったりする仲間や部下ではありません。

家庭のこと、仕事のこと、趣味の話など、腹を割って話し合える友人です。後でも触れますが、あなたの力量を求め、誰かと結びつけてくれたり、一緒になって第二のキャリアデザインを考えてくれたりする社外の知人なのです。

新型コロナウイルスが終息に向かい、大手を振って飲みに行けるようになれば、職場だけのつき合いで終わる人たちとの宴席は減らし、心から話せる友人、社外の理解者と接する機会を増やしましょう。

職場以外の人との宴席は「賢者の時間」になる

45 人脈を整理する

私が要職をすべて降りたとき、真っ先に踏み切ったのが名刺の整理です。

記者やプロデューサーは人に会うのが仕事なので、一度しか会うことがない人も含めて名刺が溜まる一方になるからです。

第一線でバリバリ働いている頃は、顔が広いことや各方面に知り合いがいることが、仕事ができる証明のようなところがありました。

SNSを活用している方であれば、Facebookで一〇〇人単位の「友だち」を持つことがプラスに働くこともあったかと思います。

しかし、勝った、負けたの世界から降り、新しい人生を構築していくうえでは、知り合いの数を増やすことが必ずしもプラスになるとは限りません。

クールに聞こえるかもしれませんが、それをメンテナンスする時間と労力が無駄です。

私が腹を割って話せる官僚や全国紙のデスクも、出世レースから降りてすぐ、私と同じように名刺の整理をしたと言います。言わば「人脈の断捨離」です。

それぞれ、コンサルタントや大学教授への転身を模索する中で、これからもお世話になりそうな人、仕事を離れてもつき合うことができる人などに絞ったそうです。

参考までに私たちが取った方法で共通項をまとめておきます。

人脈の整理法

●捨てていい人脈

・一度しか会ったことがない人
・ここ数年、連絡を取っていない人
・相性がよくない人
・学ぶべき点がない人、尊敬できない人
・運が悪い人
・役職から離れた途端、近寄ってこなくなった人

●大切にしたい人脈
・困っているとき助けてくれた人
・あなたの能力を求め高く評価してくれている人
・あなたが進もうとしている分野に詳しい人
・心から友人と呼べる人
・運が強い人
・役職から離れたあとも慕ってくれる人

人脈にも「断捨離」は必要

「人脈の断捨離」は、もう着ない服を整理するのと似ています。

クローゼットやタンスを開けて処分する服を決めるように、名刺ホルダーやパソコンを開いて、膨大な数の名刺やメールアドレスを、思い切って半分以下、いや、三分の一以下にスリム化してみませんか。

46 苦手な相手とは戦わない

私たちの年齢になると、苦手な相手、ウザいと感じる相手、ソリが合わない相手からは逃げた方がいいです。

それによって、誰かに迷惑をかけるというならともかく、そうでない場合、戦おうとしたり、何とか合意点を見出そうとしたり、あるいは相手の欠点を直してあげようなどと考えるよりは、やり過ごした方が楽です。

●なぜ、苦手な相手はやり過ごした方がいいのか

- 戦って勝ったとしても、しこりが残る。
- 合意点を見出せたとしても、そこまでにかなりの時間と労力を奪われる。
- 欠点を直してあげようと思っても、相手もいい歳であれば、簡単には直らない。

私が長年、身を置いてきたマスメディアの世界は、特に、「自分が一番センスが良く、デキる人間」と思い込んでいる人間が大勢集まっている場所です。

全員の意見を吸い上げようとすれば、

「優柔不断」

「リーダーシップがない」

と言われ、根回しもせず瞬時に決断を下せば、

「自分勝手」

「スタンドプレー」

などと批判されます。

同じような職場は他業種にもあると思いますが、第一線から降りたのなら、もうそういう煩わしさからは自分を解放してあげていいと思います。

歓迎会の会場をイタリアンレストランに決めると、「中華料理が良かった」などと思っている人から陰口をたたかれます。

自治体が、子どもを持つ家庭向けに手厚い支援策を実行すれば、子どもを持たない家庭からは「なぜそこに税金を？」という反発の声が上がります。

「何をやっても批判する人はいる。最大公約数の人の理解が得られればいい」

このように大雑把に考えて、周りの雑音には鈍感になることを目指しましょう。

私は、苦手な相手とは「つかず離れず」の距離を心がけています。

まだまだ上を目指している年代であれば、戦国武将がしばしば試みたように、苦手な敵をどうにか調略をもって味方に引き入れるという手もあるかもしれません。

対戦成績で分が悪い選手をトレードで味方にするという手段は、プロ野球界でもやっていることです。

しかし、もうそういうことにエネルギーを費やしたくない年代であれば、「つかず離れず」がベストな選択です。

一緒に組んでの仕事は避けるという点では「つかず」ですが、わざと遠ざけたりはしないという点で「離れず」です。

苦手な相手が、私とは真逆の意見をぶつけてきた場合などは、

「なるほど。そういう見方もあるんだね」

と無難な受け答えで逃げるようにしています。

「なるほど」は、

「意見は承りましたが、まだ肯定はしていませんよ」

を表す便利な言葉。

「そういう見方もありますね」は、

「私はそう思っていません」

を婉曲《えんきょく》に伝える表現です。

上流から流れてくる水を、自分の田んぼの隣に水路を作って、そこに誘導するイメージで接すれば、苦手な相手と正面からぶつかることなくスルーできます。

スルーしたことで相手の意見が通ったとしても、次回、通せばいいのです。今や毎回必ず勝つ必要はありませんし、むやみに敵を作る必要もありません。

しんどい人間関係は無理せずにスルーしてみる

47 ついてない人とはつき合わない

私は毎年、就職活動を控えた大学三年生や真っ只中にいる四年生のＥＳ（エントリーシート）の書き方や面接対策の指導をしています。その中で、

「あなたは運が良い方ですか。悪い方ですか」

と聞かれる学生がいます。

「就活中の学生に、運が強い？　弱い？」

といぶかる方もいると思います。

しかし、特に伸び盛りの新興企業の採用担当者に聞けば、コミュニケーション能力の有無やリーダーシップの有無に匹敵するくらい、隠れた重要な要素だと言います。

この話を聞くと、パナソニック創始者の松下幸之助さんの著書『人事万華鏡』（ＰＨＰ研究所刊）のこのフレーズを思い出します。

――私はやはりそうした運といったものがあるという見方に立った方が、ものごとがより好ましい姿で進んでいくのではないかと思っている。だから人を採用するにしても、登用するにしてもそういうことを加味して考えることが大切だと思う――

もちろん、運が強い、弱いというのは非科学的な見方です。

とはいえ、自分のことを「運が強い」と答える学生は、物事のとらえ方がポジティブで、逆に「運が悪い」と答える学生は、ネガティブなイメージはあります。企業の採用担当者はそこを見ているのだと推察します。

私は、職場の中では出世レースで成功した人たちとのつき合いから降りてしまいましたが、社外では、成功した人とのつき合いが多い方です。

本書の帯に推薦文を寄せてくれた漫画家の弘兼憲史さんもそうですが、マスメディアで売れっ子の文化人や起業して軌道に乗っている人、お店を出して繁盛しているオーナーなど、あくまで結果的にですが、そういう人たちとの交流が多くなっています。

誰しもそうですが、成功するまでには「本人の努力＋運やツキ」が必要です。

成功している人とつき合うことは、その人がその道でどのような努力を重ねてきたのか見ることにつながりますし、その生き方や視座を学ぶことにもなります。

仮に、「ラジオでは長くニュース解説をしてきたので、テレビにも進出したい」と考え、こんな目標を立てたとしたら、参考例は周りにいくらでもいますから、彼（彼女）らを見ながら、どの程度のことをやればそうなれるのか指標ができるわけです。

また、成功している人は概してポジティブですから、彼（彼女）らが醸し出す「気」に接していると、こちらまで力が湧いてくるように感じます。

反対に、成功していない人は、運不運はさておき、ネガティブで性格がひねくれた人もいて、話していても愚痴や後悔ばかりが先に立ち、得るものが少ないのです。

「みんなと仲良く」は、建前としてはそのとおりですが、成功していない者同士でつるんでいてもいいことはない、というのが私の持論です。

ついている人、成功した人から学べ！

48 社外にメンターを作る

つき合う人を絞り込む一方で、社外にメンターを作ることはおすすめします。

メンターとは、仕事や人生における助言者のことで、あなたを引っ張ってくれる先達、もしくは指導者のような人を指します。

ビジネスパーソンなどへの研修で行われるコーチングのコーチが、仕事上の問題解決や個人としての目標達成を支援してくれる存在だとすれば、メンターは、コーチよりもう少しカバーしてくれる範囲が広く、精神的なサポートまでしてくれる、頼れる存在と言えるかもしれません。

あなたの職場には、ベテランのあなたが後輩社員のメンターとなっているケースもあると思います。

それと同様に、あなたはあなたで、これからの人生を切り拓いていくためのメンターを探せばいいわけです。

もちろん、そういう存在が社内にいればそれでも構いませんが、「そういう人はいない」という方は社外でメンターを作りましょう。

●メンターの探し方

- 社内で尊敬できる人、あなたを評価してくれている人、自身の行動で生き方を教えてくれるような人を見つける。
- 社外で、取引先の幹部、お世話になった専門家などの中から、あなたのことを気にかけてくれている人、ときに厳しいことを言ってくれる人を見つける。
- 該当者がいない場合は、直接、会ったことがない人（テレビや雑誌、インターネットなどで知った人など）で構わないので、お手本（ロールモデル）になりそうな人、生き方に感銘を受けた人を見つける。

ほとんどの場合、これらいずれかで、メンターは見つかるはずです。

また、メンターはひとりである必要はありません。

幸いなことに、私には複数のメンターがいます。

有名なところでは、日本テレビ系「NEWS ZERO」の初代キャスターで関西学院大学教授の村尾信尚さん、そして、憲法学者で慶應義塾大学名誉教授の小林節さんです。

二人には、大学の先生をしながらメディアで発信してきたという共通項があります。私からすれば、まさにお手本です。しかも、私の強みも弱みも理解してくれたうえで、

「こういうふうにしたら？」

とアドバイスをくれたり、

「もし、うまくいかなかったら何とかしてやるから思い切ってやってみな」

とハッパをかけてくれたりもします。

こういう人たちが見つかり、深くつき合うことができれば、その時間は貴重で生産的な時間になります。

メンターがいれば、今からでも成長できる

49 季節の挨拶をやめる

日本列島が新型コロナウイルスの感染第三波に見舞われた二〇二一年の正月。

メールやSNSの普及で、年々、減少の一途をたどっていた年賀状の配達総数が、前年に比べ、一割程度減少したそうです。

帰省すら自粛を求められた年、個人でふるさとの友人や親戚に出す年賀状は増えたものの、企業が取引先などに出す年賀状が大幅に減少したのが理由です。

私は、この年、職場の上司や同僚に出していた年賀状をキッパリやめました。

● **クロス・マーケティング「年末年始の贈り物に関する調査」**（二〇二〇年）

● 年賀状を毎年出していて、今年も出す人の割合

・二〇代＝二二％

・三〇代＝三五％
・四〇代＝五二％
・五〇代＝六五％
・六〇代＝六五％

携帯電話やメールで済ませる若い世代とは違い、四〇代から六〇代の方は、年賀状を出す人の割合が高いことがわかります。

私も、ふるさとの旧友や恩師、社外の人には出していますが、会社での立場上、欠かせない挨拶として何となく続けてきた習慣は、もうやめようと思ったのです。

近頃の年賀状は、パソコンでレイアウトをし、印刷するケースがほとんどです。

写真や干支のイラストに加え、

「旧年中はお世話になりました。本年も宜しくお願い申し上げます」

といった定型文と住所などを挿入していると、手書きができる余白が減るので、そのまま一筆も書かず投函したりします。

逆に、いただいた年賀状も、手書きのメッセージがないもの、「今年も頑張りましょう」などと気持ちのこもっていない一行が書かれてあるだけだったりします。

第一線から降りたのを機に、惰性で続けている年賀状からも降りれば、師走から年始にかけて、面倒な手間が省けてずいぶん楽になります。

私は仕事納めの日に、仕事仲間をはじめ、特にお世話になっていない上司にも、

「今年もお世話になりました。来年も引き続き宜しくお願いします」

と一斉にメール送信しました。あとは、新年に職場で挨拶すれば何の問題もありません。

お中元やお歳暮、義理チョコやお返しも、何を贈るか、頭を悩ませるものです。

どこかのタイミングで、

「お中元を頂戴しましたが、役職定年になりましたし、今回で打ち止めにさせてください」

とメッセージを送り、贈り合わない関係に戻せば楽になります。

ギフトは、お世話になったとき、しっかり選んで贈ればいいのです。

贈らない、もらわない関係でも人間関係は維持できる

50 SNSとのつき合い方を見直す

総務省の「情報通信白書」(二〇二〇年度版)によると、五〇代の平日一日当たりのソーシャルメディアの利用時間は二三・九分だそうです。

ソーシャルメディアの中核といえば、SNS(Facebook、Twitter、Instagramなど)になりますが、五〇代の利用時間は年々増えています。

特に、Facebookは三人に一人、Twitterは四人に一人が活用しているというデータもあります。LINEにいたっては八割の人が利用しています。

いずれも、メッセージを発信したり、仲間を作ったり、情報を収集するうえで便利なツールであることは言うまでもありません。

とはいえ、先もSNSとのつき合い方は、そろそろ考えた方がいいかもしれません。場合によってはやめてもいいと思っています。

●SNSをやめた方がいい理由

●私生活にも「承認欲求」は必要ですか？

・いい歳をして、どこで何を食べたかをSNSに上げ、「いいね！」を欲しがる姿はかっこいいとは言えない。

●その情報は正しいですか？

・SNSでの情報にはデマやうわさ話も多い。それを鵜呑《うの》みにして拡散させてしまうというのは、いい歳をしてメディアリテラシー（氾濫する情報を主体的に読み解く力）がなさすぎ。

●自身が誹謗《ひぼう》中傷のターゲットになる可能性はありませんか？

・何気なくつぶやいた意見で炎上、何も意図せずアップした画像に批判が続出。場合によっては家族まで攻撃の対象になるリスクもはらむ。

特に三つ目は重要です。

フリーアナウンサーの高島彩さんが二〇一八年十月、Ｉｎｓｔａｇｒａｍを閉鎖した際、

「この場所が負の感情を生む場所になってしまっては悲しいので」と綴られたのを拝見して、そのとおりだなと感じたものです。

有名人に限らず、コンビニエンスストアのひとりの店員がお客さんに高圧的な物言いをしたというだけで不買運動に発展する時代です。

SNSによって、いくつになっても誰とでもつながりが持てるようになった半面、相互監視社会の中にいるような窮屈さも感じます。

私は、個人のホームページを持ちブログこそ続けていますが、ラジオ番組や講演で話した一部分が切り取られ、炎上寸前になったのを契機にSNSをやめました。

失言はともかく、エビデンス（証拠や論拠）にもとづいた意見でも袋だたきにされかねない「魔女狩り」にも似た社会。

不特定多数とのつき合いは、仲間づくりや趣味の範囲でとどめておく方が無難です。

誰とでもつながれる時代だからこそ、安易な「つながり」はやめよう

51 配偶者だのみから降りる

第一生命保険が、毎年一月下旬に発表するサラリーマン川柳。

新型コロナウイルスが再々拡大し、緊急事態宣言が再発出される中、二〇二一年一月に発表された優秀作も、わずか十七文字で見事に世相を反映した作品が目立ちました。

「密ですと　ますます部下は　近よらぬ」

「自粛中　見えた夫の　定年後」

これらの句は、五〇代の勤労者として身につまされるものがありますが、他にも、

「会社へは　来るなと上司　行けと妻」

「どこにある　ステイホームで　俺の場所」

このように配偶者を意識した傑作も目につきます。

コロナ禍で在宅勤務が多くなり、不要不急の外出は自粛となると、どうしても夫婦が顔

を突き合わせる機会が増えます。

ラジオ番組の街声インタビューでも、仕事人間で、これまであまり家事をしてこなかった夫たちの中に、何をどうすればいいのかわからないといった声が多く聞かれます。

これからの人生をどうしようかと考えるとき、妻に頼りたくなる人も多いかと思いますが、配偶者べったりにならない生き方も模索する必要があります。

五〇代を対象にしたある民間の調査では、今後も輝いて過ごすためのポイントとして、約半数の人が、「健康」の次に、

「自分が今後の人生で何をやり遂げたいか考え、実行すること」

を重要視していることがわかりました。

夫婦一緒に、というよりは、それぞれが別々に好きなことをして生活を充実させたいという思いがあることが見てとれます。

「会社では暇になったし、子どもも手を離れたので、夫婦で『熟年の旅』にでも……」

などと考えるのは幻想です。

妻は、姉妹や仲のいい友人と旅に行きたいと考え、夫は、誰にも気兼ねが要らないひと

り旅がいいと思っているかもしれません。

「男は外で働き、女は家を守る」

というのは昔の話。

全世帯の七割近くが共働きで、妻もお小遣いに困らない収入を得ている今、夫婦それぞれが好きな趣味にいそしみ、仕事に関しても別々に展望を考える……というのが自然な姿なのです。

夫婦は家庭という組織の共同経営者です。

共同経営者である以上、夫は妻に、妻は夫に依存しすぎないよう、お互いのやりたいことを尊重し合うほうが、それぞれ自由でいられます。

福岡県久留米市で「全国亭主関白協会」を運営している天野周一さんは、私の取材に、特に夫に向けてこう語っています。

「妻を自分の所有物だと勘違いしてはいけません。ボーッと亭主してんじゃないよ」

夫婦それぞれ自立して「第二の人生」という旅を

52 手狭に生きる

無駄な人づき合いをやめるための極意、ここまで書き綴ってきましたが、自分とのつき合いはしっかり続けてほしいと思っています。

それは、無駄な人づき合いをカットすることで、時間と労力、そしてコストに余裕を持たせ、自分と向き合うことに充てるということです。

小説『天上の青』や『太郎物語』などで知られる作家の曽野綾子さんは、人間との向き合い方について、著書『人間関係』（新潮社刊）の中で興味深いことを語っています。

――商売でも何でも「手広く」やろうと思うと重荷になる。（中略）「手広く」やれば、多くの人によく思って貰わねばならない、という現実的な問題も出て来る。しかし「手狭に」生きるなら、人がどう思うかなどということもさして問題にならない。――

無駄をできるだけそぎ落して、自分と向き合う生き方は、まさに「手狭に」生きる生き方です。

曽野さんが指摘するように「手狭に」生きれば、会社の悪口だけが飛び交う飲み会に出なくてもよく、ソリが合わない人間とうまくやろうと努力する必要もなくなりますね。

自分への評価も、「他人の物差し」から「自分の物差し」に変わります。

勝った負けたの世界、出世レースの第一線から降りて一番に得られるのは、「手狭に」生きることができるようになるということではないかと思います。

上を目指すために、どんなことでも引き受け、理不尽さにも耐えてきた「タコ壺」生活とはおさらばをして、

「好きなこと」

「得意なこと」

「本当にやってみたかったこと」

を、気ままにできるようになるのも、「手狭に」という路線にシフトチェンジしたからかもしれません。

私は第一線を降りて本当によかったと思っています。

もちろん、まだまだ社会人として現役ですから、ある程度、収入も確保しなければなりませんが、職場での地位や年収の高低とは違うところに価値や目標を見出せたという手応えが、充実感を与えてくれているのだと思います。

本を執筆すると、他の書を読みデータも集めることになりますから勉強になります。

講演や大学の講義に行くと、「ためになりました」と語ってくれる聴講者や学生がいて、「少しでも人の役に立てたか……」

という喜びが得られます。

「好きなこと」「得意なこと」「本当にやりたかったこと」に、「人の役に立つ」「社会的貢献もできる」が加われば鬼に金棒《かなぼう》です。

これからは、ぜひ、「手狭に」生き、あなた独自の価値や目標を見つけていただけたらと思います。

無駄をそぎ落とすと、最後に「自分の本当にやりたいこと」が残る

おわりに　～人生、本当の勝負は五〇代から！

しばしばリーダーの要件として問われる言葉に「出処進退を明らかにする」というフレーズがあります。

その職にとどまるか退くかを判断するという意味に使われますが、本編で政治家を例に挙げたように、難しいのは「進む」よりも「退く」方かもしれません。

しかし、政治家はさておき、私たちの場合、退いたとしても未来はあります。

明治から昭和にかけて活躍した実業家、渋沢栄一は、

――人びとから、引退を惜しまれ、切に引き留められるうちに、自己の境遇、年齢、健康および周囲の事情等を考慮して、身を退くことこそ、真の勇退である――（『渋沢栄一運命を切り拓く言葉』清談社刊）

このように述べています。さらに、

——まず自己の頭脳を冷静にし、自分の長所と短所を精細に比較考察し、（中略）前途確かな見込みの立ったところでその方針を定めるがよい——（同書）

とも説いています。

部長になれず副部長で終わった人も、支店長になる前に役職定年を迎えてしまった人も、校長や教頭になれなかった先生も、そして、不毛な競争に嫌気がさして自ら職を降りたり、コロナ禍で不利益を被った人も、焦らず、落ち込まず、自分と周囲の環境を見つめ、再出発していただけたらと願っています。あなたの人生はまだまだこれからです。

新型コロナウイルスやその変異株への感染が影を落とす厄介な時代ですが、少し見方を変えたら元気になれます。ちょっと工夫をすれば必ず展望は開けてきます。

最後に、本書の出版にご助力をいただいた青春出版社・プライム涌光編集部の野島純子さんに心から感謝を申し上げ、本書の結びとさせていただきます。

清水克彦

著者紹介

清水克彦　政治・教育ジャーナリスト／大妻女子大学非常勤講師
1962年愛媛県生まれ。京都大学大学院法学研究科博士課程単位取得満期退学。

文化放送入社後、政治・外信記者を経て米国留学。帰国後、ニュースキャスター、大学講師、南海放送コメンテーター、報道ワイド番組チーフプロデューサーなどを歴任。現在は、文化放送報道デスク、京都大学現代政治研究会研究員、学びの未来研究所研究員。政治、生き方、子育てをテーマに執筆や講演活動も続けている。

著書は、ベストセラー『人生、勝負は40歳から！』（ＳＢ新書）、『40代あなたが今やるべきこと』（中経の文庫）、『頭のいい子が育つパパの習慣』（ＰＨＰ文庫）のほか、『ラジオ記者、走る』（新潮新書）、『安倍政権の罠』（平凡社新書）、『すごい！家計の自衛策』（小学館）ほか多数。

公式ホームページ　http://k-shimizu.org/

人生《じんせい》、降《お》りた方《ほう》がいいことがいっぱいある

2021年4月25日　第１刷

著　　者　清《し》水《みず》克《かつ》彦《ひこ》

発 行 者　小澤源太郎

責任編集　株式会社 プライム涌光
電話　編集部　03(3203)2850

発 行 所　株式会社 青春出版社
東京都新宿区若松町12番１号 〒162-0056
振替番号　00190-7-98602
電話　営業部　03(3207)1916

印刷　三松堂　　製本　フォーネット社

万一、落丁、乱丁がありました節は、お取りかえします。

ISBN978-4-413-23202-9 C0095

高校受験
志望校に97%合格する親の習慣
ひと月あれば偏差値10アップも可能
道山ケイ

「自己肯定感」の持ち方で
あなたのまわりが変わりだす
がんばることより、今の自分にOKを出そう!
恒吉彩矢子

結局、すべてを手に入れる
「すぐやる!ノート」
“いまの自分”を抜け出す最強の答えとは?
藤由達藏

叱りゼロ!
「自分で動ける子」が育つ
魔法の言いかえ
田嶋英子

今日からできる!
小さな会社のSDGs
事例がいっぱいですぐわかる!アイデアBOOK
村尾隆介

青春出版社の四六判シリーズ

体のかたさも痛みも解決する!
関節可動域を広げる本
原　秀文

美しく生きるヒント
前に向かって歩む35の言葉
小林照子

ブランディングが9割
なぜか小さい会社でも勝てる不思議なカラクリ
乙幡満男

手術件数1000件超の名医が教える
がんにならないシンプルな習慣
佐藤典宏

はじめまして更年期《コーネンキー》♡
40代からの不調が消える心と体のプチ習慣
永田京子

家族の幸福度を上げる7つのピース
前野隆司　前野マドカ

成功する人だけが知っている「小さな自分」という戦略
しなやかに、したたかにチャンスをつかむ
井上裕之

10年後の子どもに必要な「見えない学力」の育て方
「困った子」は「困っている子」
木村泰子

〝自己肯定感〟のスイッチが入る！
自分を受け入れる力
午堂登紀雄

いちばん大事な「子育て」の順番
0歳からのシュタイナー教育で、可能性をのばす
虹乃美稀子

青春出版社の四六判シリーズ

腎臓病
一生透析なしで過ごす本
腎機能を自分で守る新常識
椎貝達夫

テレワークの達人がやっているゆかいな働き方
林　雄司

「そろそろお酒やめようかな」と思ったときに読む本
垣渕洋一

ムリなく健康体&つや肌に変わる
うるおい漢方
大塚まひさ

アパ社長カレーの野望
自分で風を起こし　その風に乗れ
元谷　拓